남부 주방

당신의 갈망을 만족시키고 입맛을 즐겁게 해주는

고전적이고 현대적인 남부 요리법

상명 서

목차

소개

미국 남부의 풍부하고 다양한 요리 전통을 기념하는 요리책인 남 부 주방 에 오신 것을 환영합니다. 여기에서는 풍성한 아침 식사부터 만족스러운 저녁 식사까지, 그리고 그 사이의 모든 것에 이르기까지 최고의 남부 요리를 보여주는 100 가지 이상의 요리법을 찾을 수 있습니다. 고전적인 기술과 현대적인 기술을 모두 활용한 이 요리책은 자신의 주방에서 남부의 맛을 재현하고 싶은 모든 사람을 위한 완벽한 가이드입니다.

바삭한 프라이드치킨부터 풍미 가득한 검보까지, 저희 레시피는 이 지역에서 가장 사랑받는 요리를 강조합니다. 또한 크리미한 피멘토 치즈와 톡 쏘는 브런즈윅 스튜와 같이 새로운 인기를 끌게 될 덜 알려진 남부 별미도 선보입니다. 물론, 복숭아 코블러와 피칸 파이와 같은 고전 요리를 포함한 디저트에 관한 섹션이 없으면 남부 요리책이 완성되지 않을 것입니다.

하지만 남 부 주 방 는 단순한 요리법 모음이 아닙니다. 이는 또한 남부 문화, 역사, 환대를 기념하는 날이기도 합니다. 각 레시피에는 현관에서 보내는 나른한 여름 오후부터 저녁 식탁에 둘러앉은 가족 모임에 이르기까지 남부의 정신을 포착하는 이야기나 추억이 함께 담겨 있습니다. 우리는 이 이야기가 여러분을 남부의 중심부로 이동시키고 주방에서 자신만의 추억을 만드는 데 영감을 주기를 바랍니다.

그러므로 당신이 남부에서 태어나고 자란 사람이든 단순히 맛있는 음식을 좋아하는 사람이든, 우리는 남부를 통한 요리 여행에 여러분을 초대합니다. 남 부 주 방 를 가이드로 삼아 미국에서 가장 사랑받는 요리 중 하나에 대한 새로운 맛, 새로운 기술 및 새로운 감상을 발견하게 될 것입니다.

아침

1. 아침 식사 에그노그

메이커: 5 인분

재료:

- 계란 4 개, 잘 풀어서 준비
- 소금 ⅛ 작은술
- 1 쿼트 우유
- 설탕 ¼ 컵
- 바닐라 1 티스푼
- 육두구

지침:

a) 육두구를 제외한 모든 재료를 섞습니다.

b) 잘 섞다.

c) 원한다면 식히세요

d) 육두구를 뿌린다.

2. 키슈 로렌

재료

- 갈은 스위스 치즈 1½ 컵(6 온스)
- 익히고 잘게 썬 베이컨 또는 햄 8 조각
- 계란 3 개
- 헤비 크림 1 컵
- 우유 ½ 컵
- 후추 ¼ 티스푼
- 미리 만들어진 냉동 파이 크러스트 1 개

지침

a) 페이스트리를 얹은 파이 크러스트에 치즈와 베이컨/햄을 뿌립니다.

b) 남은 재료를 함께 섞은 후 치즈와 햄 위에 부어주세요.

c) 375 도에서 45 분간 굽습니다.

3. 새우 토스트

제조사: 4

재료

- 잉글리시 머핀 6 개 (구운 후 분할)
- 물기를 뺀 통조림 새우 4½ 온스
- 마요네즈 2½ 테이블스푼
- 취향에 따라 마늘가루
- 마가린 1 개
- KRAFT "올드 잉글리쉬" 치즈 1 병

지침

a) 열을 가해 섞어 머핀 반쪽 위에 펴 바릅니다.

b) 황금색이 될 때까지 굽고 4 로 자릅니다.

c) 미리 만들어서 얼리시면 됩니다.

애피타이저와 스낵

4. 브라시올레(쇠고기롤)

재료:

- 쇠고기 1½ 개, 얇게 썬 것
- 중간 양파 2 개
- 1 온스 물방울
- 밀가루 1 온스
- 베이컨 ½ 파운드
- 후추
- 물 1 티스푼
- 우스터셔 1 테이블스푼
- 월계수 잎 1 개

지침

a) 고기에 후추를 뿌린다.

b) 고기 위에 베이컨 한 조각을 놓고 롤로 묶어 묶습니다.

c) 롤에 밀가루를 뿌리고 고르게 갈색이 되도록 합니다.

d) 팬에서 고기를 꺼내고 얇게 썬 양파를 넣습니다.

e) 살짝 갈색이 될 때까지 볶습니다.

f) 남은 밀가루와 당근을 추가합니다.

g) 고기를 돌려주세요.

h) 베이 리프와 우스터셔를 추가하세요.

i) 물을 붓고 끓입니다.

j) 뚜껑을 덮고 1 시간 30 분 동안 또는 고기가 부드러워질 때까지 끓입니다.

5. 브랜디 볼

재료

- 그레이엄 크래커 부스러기 13 ½ 온스 패키지
- 1 컵 설탕 4 배
- 코코아 ¼ 컵
- 다진 호두 8 온스
- 옥수수 시럽 또는 액상 흑설탕 ¼ 컵
- 오렌지 리큐어 ⅓ 컵
- 브랜디 ⅓ 컵

지침

a) 손으로 섞은 다음 조각을 꼬집어 작은 공 모양으로 만듭니다.

b) 용기에 넣고 밤새 식혀줍니다.

6. 치즈케이크바

재료

빵 껍질

- 그레이엄 부스러기 크래커 1¼ 컵
- 설탕 ¼ 컵

충전재

- 크림치즈 2 컵
- 우유 4 큰술
- 설탕 1 컵
- 계란 2 개
- 레몬즙 2 테이블스푼
- 바닐라 1 티스푼

지침

빵 껍질

a) 13 x 9 팬 바닥을 잘 섞고 누릅니다.

b) 토핑용으로 일부 예약하세요

c) 화씨 350 도에서 8 분간 굽습니다.

충전재

d) 재료를 섞어 구운 크러스트 위에 펴 바릅니다.

e) 남은 부스러기를 위에 뿌립니다.

f) 화씨 350 도에서 20 분간 굽습니다.

g) 식혀서 잘 얼려주세요

7. 부서진 쇠고기 딥

재료

- 사워 크림 1 부
- 마요네즈 1 부
- 말린 쇠고기 1 병
- 딜 씨앗
- 다진 양파

지침

a) 사워 크림, 마요네즈, 말린 쇠고기, 딜 씨앗, 다진 양파를 섞습니다.

b) 이탈리아 빵이나 호밀빵을 잘라 딥과 함께 제공합니다.

8. 초콜릿 주류 사각형

제작: 30 개의 정사각형

재료

- 데친 아몬드 1 컵
- 계란 2 개
- 설탕 ¼ 컵
- 무가당 코코아 ⅓ 컵
- 밀가루 ½ 컵
- 소금 한 스푼
- 럼이나 아마레토 3 테이블스푼
- 가루 설탕 2-3 테이블스푼

지침

a) 견과류를 가루로 으깨십시오. 빛이 날 때까지 계란을 치십시오.

b) 설탕을 넣고 걸쭉해질 때까지 치십시오.

c) 아몬드 가루와 리큐어를 넣고 잘 섞으세요.

d) 오븐을 350 도까지 예열하세요.

e) 7 x 11 크기의 베이킹 팬에 버터 약 1 테이블스푼을 바르고 쿠키 혼합물을 펴 바릅니다.

f) 20-25 분 동안 굽습니다. 10 분 정도 식힌 후 슈가파우더를 뿌려주세요.

g) 약 30 개의 정사각형으로 자릅니다.

9. 옥수수 스틱

재료

- 밀가루 1¼ 컵
- 노란 옥수수 우유 ½ 컵
- 설탕 ¼ 컵
- 베이킹파우더 3 티스푼
- 소금 1 티스푼
- 우유 1 컵
- 계란 1 개
- 버터 3 테이블스푼

지침

a) 오븐을 425 도까지 예열하세요. 옥수수 스틱 팬에 기름을 바릅니다.

b) 건조한 재료를 함께 체로 치십시오. 우유, 계란, 녹인 버터를 넣고 부드러워질 때까지 휘젓습니다.

c) 팬을 2 분 동안 가열합니다. 팬을 채우십시오.

10. 만두

재료

- 밀가루 2 컵
- 베이킹파우더 2½ 티스푼
- 소금 ¼ 티스푼
- 우유 1⅓ 컵

지참

a) 밀가루, 베이킹파우더, 소금을 그릇에 담습니다.

b) 우유를 붓고 마른 재료가 촉촉해질 때까지 포크로 섞습니다.

c) 끓는 물이나 닭고기 육수에 큰 스푼을 넣어 만두를 떨어뜨립니다.

d) 주전자 뚜껑을 덮고 12 분간 끓입니다. 참고: 엿볼 수 없습니다.

11. 헤이즐넛 볼

제조사: 약30 개

재료

- 밀가루 1 컵 (체로 쳐둔 것)
- 버터 ½ 컵
- 잘게 다진 1 컵 - 견과류
- 굵은 설탕 2 테이블스푼
- 소금 ⅛ 작은술
- 바닐라 1 티스푼
- 과자 설탕

지침

a) 큰 그릇에 제과용 설탕을 제외한 모든 재료를 섞습니다. 두껍게 될 때까지 철저히 섞는다.

b) 반죽을 30 분 동안 냉장 보관하세요.

c) 그 사이에 오븐을 375°F 로 예열하세요.

d) 반죽을 1¼ 인치 공으로 자릅니다.

e) 기름칠하지 않은 쿠키 시트 위에 1 인치 간격으로 놓습니다.

f) 15~20 분 동안 또는 굳을 때까지 굽되 너무 익히지 마십시오.

g) 아직 따뜻할 때 제과업체의 설탕을 굴립니다. 완전히 식혀주세요.

h) 서빙 직전에 다시 설탕을 넣으십시오.

12. 오리엔탈 쇠고기 전채

재료

- 옥수수 전분 1 테이블스푼
- 간장 ½컵
- 카로 라이트 또는 다크 옥수수 시럽 ¼컵
- 옥수수유 3 테이블스푼
- 참깨 2 테이블스푼
- 다진 마늘 2 쪽
- 다진 생강 뿌리 또는 생강 가루 1 테이블스푼
- 1 인치 큐브로 자른 쇠고기 2 파운드
- 다진 양파 ½컵

지침

a) 13x9 베이킹 접시에 처음 7 가지 재료를 넣고 부드러워질 때까지 섞습니다.

b) 쇠고기와 양파를 추가합니다. 잘 코팅되도록 버무립니다. 밤새 적어도 4 시간 동안 덮고 냉장 보관하세요.

c) 쇠고기를 배출하십시오. 매리네이드를 예약하십시오.

d) 육계용 선반에 쇠고기 큐브를 놓습니다.

e) 고기의 모든 면이 갈색이 될 때까지 불에서 6 인치 정도 굽고 가끔씩 뒤집어 미리 준비해둔 매리네이드를 6~8 분 동안 솔질합니다.

f) 고기를 자주 뒤집어 주면서 약 15 분 동안 굽습니다.

g) 고기를 브로일러 아래에 5 분 더 넣어두세요.

13. 파노차

재료

- 흑설탕 3 컵
- 우유 1 컵
- 버터 2 테이블스푼
- 바닐라 1 티스푼
- 견과류 고기 1 컵

지침

a) 냄비에 설탕과 우유를 넣고 화씨 238 도에서 소프트볼 단계까지 요리합니다.

b) 불을 끄고 버터와 바닐라를 넣고 식혀주세요.

c) 미지근할 때 크림처럼 될 때까지 휘핑하세요.

d) 깨진 견과류 고기를 저어주세요. 히코리 너트, 호두 또는 피칸 너트가 특히 좋습니다.

e) 버터를 두른 팬에 붓고 굳으면 사각형으로 자릅니다.

14. 배 시각형

재료

- 마가린이나 버터 1 스틱
- 흑설탕 ¼ 컵
- 계란 2 개
- 밀가루 ¼ 컵
- 귀리 플레이크 ¼ 컵
- 베이킹파우더 1 티스푼
- 계피 1 티스푼
- 베이킹 소다 ½ 티스푼
- 육두구 ½ 테이블스푼
- 견과류 ¼ 개
- ¼ 건포도
- 다진 배 1½ 개

지침

a) 화씨 350 도에서 20-25 분 동안 굽습니다.
b) 나무 막대기가 있는 테스트 센터.

15. 팝콘공

재료

- 팝콘 7 쿼트
- 당밀 1 컵
- 굵은 설탕 1 컵
- 물 ⅓ 컵
- 소금 ½ 티스푼
- 바닐라 ½ 티스푼

지침

a) 큰 베이킹 팬에 팝콘을 넣으세요. 200° 오븐에서 따뜻하게 유지하세요.

b) 무거운 냄비에 설탕, 당밀, 물, 소금을 섞습니다.

c) 캔디 온도계가 235°를 가리킬 때까지 중간 불로 요리합니다(소프트볼 단계).

d) 열에서 제거하십시오. 바닐라를 추가하세요.

e) 즉시 팝콘 위에 붓고 균일하게 코팅될 때까지 저어줍니다.

f) 혼합물이 다룰 수 있을 만큼 식으면 재빨리 3 인치 모양으로 만듭니다. 공, 달라붙는 것을 방지하기 위해 손을 찬물에 담그십시오.

16. 호두 버번 볼

재료

- 잘게 으깬 바닐라 웨이퍼 2½ 컵
- 가루 설탕 1 컵
- 코코아 2 테이블스푼
- 잘게 썬 고운 호두 또는 호두와 플레이크 코코넛 1 컵
- 버번이나 럼 ¼ 컵
- 옥수수 시럽 3 테이블스푼

지침

a) 웨이퍼, 설탕, 코코아, 견과류를 잘 섞으세요.

b) 시럽과 주류를 추가합니다.

c) 작은 공으로 굴립니다. 설탕을 굴려 라.

d) 밀봉된 용기에 보관하세요.

17. 애호박 패티

재료

- 비스퀵 ⅓ 컵
- 계란 2 개
- 파마산 치즈 ¼ 컵
- 갈은 호박 2 컵
- 마가린 2 테이블스푼

지침

a)   각 패티에 마가린 2 테이블스푼을 섞어서 볶습니다.

b)   3 분간 볶습니다.

메인 코스

18. 콩

재료

- 돼지고기와 콩 큰 캔 1 개
- 물기를 뺀 강낭콩 1 캔
- 물기를 뺀 흰 버터빈 1 개 캔
- 잘게 썬 작은 양파 1 개
- 당밀 ¼ 컵
- 케첩 ¼ 컵
- 머스타드 1 티스푼
- 흑설탕 ½ 컵

지침

a) 브라운 1 파운드 햄버거와 1 파운드 핫 소시지.

b) 다른 모든 재료를 넣고 잘 섞으세요.

c) 화씨 375 도에서 30 분~45 분 동안 굽습니다.

19. 가지와 쌀 프로방스

재료

- 큰 가지 1 개, 약 2 파운드
- 올리브 오일 4 테이블스푼
- 다진 양파 3 컵
- 속을 제거하고 씨를 제거한 피망 1 개를 1 인치 큐브로 자릅니다.
- 다진 마늘 2 쪽
- 갓 다진 백리향 1 티스푼 또는 말린 백리향 ½ 티스푼
- 월계수 잎 1 개
- 껍질을 벗기고 속을 제거하고 잘게 썬 토마토 3 개
- 생쌀 1 컵
- 닭고기 국물 3½ 컵
- 소금과 후추
- 갈은 파마산 치즈 ½ 컵
- 버터 2 테이블스푼

지침

a) 오븐을 400 도까지 예열하세요. 가지 끝부분을 잘라내고 1 인치 크기의 큐브로 자릅니다.

b) 큰 프라이팬에 기름을 두르고 가지 큐브를 추가합니다. 프라이팬을 가끔 흔들어 주면서 센 불로 요리하세요.

c) 양파, 피망, 마늘, 백리향, 월계수 잎을 넣고 저어줍니다.

d) 토마토를 넣고 볶다가 불을 낮추고,

e) 5 분간 또는 프라이팬에 있는 액체가 대부분 증발할 때까지 끓입니다.

f) 참고: 재료는 상당히 걸쭉해질 때까지 끓여야 합니다.

g) 밥과 닭고기 국물을 섞으세요.

h) 소금과 후추로 간을 맞춘다.

i) 혼합물을 베이킹 접시에 숟가락으로 담고 치즈를 뿌립니다.

j)   버터를 바르고 뚜껑을 덮지 않은 채 30 분간 굽습니다.

20. 가지 파마산

재료

- 마리나라 소스 28 온스
- ¼ 인치 두께의 둥글게 자른 큰 가지 2 개
- 갈은 파마산 치즈 1¼ 컵을 나누어 준비합니다.
- 얇게 썬 신선한 모짜렐라 큰 공 2 개

지침

a) 가지를 먼저 볶아주세요.

b) 베이킹 접시에 마리나라 ½ 컵을 펴고 가지의 절반을 얹은 다음 그 위에 마리나라 1 컵과 모짜렐라 절반을 얹습니다.

c) 남은 가지, 남은 마리나라, 남은 모짜렐라를 넣고 반복합니다. 남은 파마산 치즈 ¼ 컵을 뿌립니다.

d) 화씨 350 도에서 30 분 동안 굽습니다.

21. 옆구리 스테이크

재료

- 옆구리 스테이크 1 개, 1 ½~2 파운드
- 간장 ½ 컵
- 기름 ½ 컵
- 건조 셰리 ¼ 컵
- 으깨거나 다진 중간 크기 마늘 2 쪽
- 갈은 신선한 생강 뿌리 2 테이블스푼 또는 간 생강 2 티스푼
- 갈은 오렌지 껍질 1 큰술

지침

a) 스테이크를 간장, 오일, 드라이 셰리쥬, 마늘 정향, 생강, 갈은 오렌지 껍질에 재워둡니다.

b) 3-4 분 동안 불에서 1½ 또는 2 인치 정도 굽습니다.

c) 뒤집어서 양념으로 솔질하고 3~4 분 더 굽습니다.

d) 십자형 조각으로 자릅니다.

22. 이탈리아 송아지 고기와 고추

재료

- 송아지 고기 조림 1 파운드
- 얇게 썰거나 자른 큰 피망 3 개 (더 많이 사용해도 됩니다)
- 얇게 썰거나 다진 큰 양파 2 개
- 1 #2 캔 토마토
- 소금과 후추
- 파슬리
- 월계수 잎 1 개

지침

a)   송아지 고기를 작은 조각으로 자릅니다.

b)   팬에 기름을 두르고 (바닥을 덮고 고기가 들러붙지 않을 만큼) 기름을 가열합니다.

c)   고기를 넣고 잘 갈색이 됩니다.

d)   양파를 넣고 부드러워질 때까지 몇 분간 조리합니다.

e)   토마토를 부어주세요. 향신료를 넣고 최소 1 시간 동안 천천히 조리하세요.

f)   참고: 고추를 따로 튀겨 마지막 10-20 분 동안 토마토 혼합물에 첨가할 수 있습니다.

23. 치즈 소스를 곁들인 링귀니

재료

- 플레인 저지방 요구르트 ½ 컵
- 날계란 1 개
- 99% 무지방 코티지 치즈 ⅓ 컵
- 소금 또는 버터맛 소금
- 후추
- 오레가노 또는 피자 양념 ½ 티스푼
- 굵게 잘게 썬 스위스 치즈 3 온스
- 신선한 다진 파슬리 ⅓ 컵

지침

a) 뜨거운 링귀니 위에 요거트를 넣고 재빠르게 저어준 다음 계란을 걸쭉하게 만듭니다.

b) 그런 다음 나머지 재료를 섞습니다.

c) 치즈가 녹을 때까지 냄비를 매우 약한 불에 올려 놓습니다.

24. 미니롤

제작: 약20 개 롤업

재료:

마니코티의 경우:

- 계란6 개
- 밀가루2 컵
- 물1½컵
- 소금과 후추 맛

리코타 치즈 필링

- 치즈2 파운드(냄비 치즈도 가능)
- 계란2 개
- 소금과 후추
- 파슬리 플레이크
- 갈은 파마산 치즈

지침

a) 계란, 밀가루, 물, 소금, 후추를 섞어서 맛보세요.

b) 그릴이나 프라이팬에 아주 빠르게 얇은 팬케이크처럼 만듭니다. (저는 프라이팬에 올리브 오일을 사용합니다.)

c) 리코타 치즈 믹스를 채워줍니다. 롤업. 소스로 덮으세요.

d) 화씨350 도에서 ½시간 동안 굽습니다.

e) 서빙하기 전에 10 분 동안 그대로 두십시오.

리코타 치즈 필링

f) 부드러워질 때까지 숟가락으로 섞어 잘 섞습니다(저는 이 절반을 사용합니다).

25. 양파 캐서롤

재료

- 양파 4 컵
- 버터 4 테이블스푼
- 계란 2 개
- 우유 1 ½ 컵
- 소금 ½ 티스푼
- 우스터셔 ½ 티스푼
- 타바스코의 쉐이크
- 강판 치즈

지침

a) 양파를 몇 분 동안만 익히되 갈변으로 익히지는 마세요

b) 풀어놓은 계란에 우유를 넣고 양념을 합니다.

c) 치즈를 뿌리고 은색 칼날이 깨끗해질 때까지 화씨 325 도에서 굽습니다.

26. 한방돼지

재료

- 간장 3 큰술
- 생강과 설탕 각 1 티스푼
- 작은 덩어리로 자른 돼지고기 ½ 파운드
- 잘게 다진 큰 양파 2 개
- 기름 3 테이블스푼
- 양배추 4 컵

지침

a) 간장, 생강, 설탕을 함께 저어주세요. 따로.

b) 돼지고기가 더 이상 분홍색이 아니고 양파가 부드러워질 때까지 기름에 돼지고기와 양파를 10 분 정도 볶습니다.

c) 양배추와 간장 혼합물을 섞습니다.

d) 약 10~12 분간 조리하세요. 밥 위에 얹어 드세요.

27. 피카딜로 쿠바 스타일 햄버거

재료

- 다진파1 개
- 기름1 테이블스푼
- 1 파운드 햄버거
- 토마토 소스1 캔(8 온스)
- 얇게 썬 속을 채운 피망¼ 컵
- 케이퍼2 테이블스푼
- 뜨거운 밥

지참

a) 프라이팬에 올리브 오일을 두르고 부드러워질 때까지 피망을 볶습니다.

b) 고기 혼합물을 추가하고, 부서질 때까지 저어줍니다.

c) 토마토 소스를 저어주세요. 뚜껑을 덮고20 분간 조리하세요.

d) 올리브와 케이퍼를 추가하세요. 5 분 동안 끓인다.

e) 밥 위에 얹어 드세요.

f) 요리하기 전에 고기에 첨가하는 향신료, 양파, 잘게 썬 것, 마늘 정향, 소금, 후추.

28. 소시 스테이크

재료

- 스테이크
- 마늘 2 쪽
- 올리브 오일 1 테이블스푼
- 간장 1½ 티스푼
- 머스타드 ½ 티스푼
- 소금
- 후추

지침

a)   재료를 섞은 뒤 파운드로 스테이크를 만듭니다.

b)   스테이크를 소스에 약 2 시간 동안 담가두세요.

c)   스토브 위에서 삶거나 요리하세요.

d)   사슴에게 사용할 수 있습니다.

29. 셰리 새우

재료:

- ½ 스틱 버터
- 다진 마늘 5 쪽
- 1-1½ 파운드 새우; 껍질을 벗기고 디딘
- 신선한 레몬 주스 ¼ 컵
- 후추 ¼ 티스푼
- 요리용 셰리 1 컵
- 다진 파슬리 2 테이블스푼
- 다진 쪽파 2 테이블스푼
- 소금 맛

지침:

a) 프라이팬에 버터를 넣고 중간 불로 녹입니다. 마늘, 새우, 레몬즙, 후추를 추가합니다.

b) 새우가 분홍색으로 변할 때까지 저어가며 요리합니다(약 분).

c) 조리용 셰리, 파슬리, 골파를 추가합니다. 그냥 끓이세요.

d) 밥 위에 바로 올려주세요.

e) 레몬으로 장식합니다.

30. 가지Persillade 를 곁들인 스파게티 스쿼시

메이커: 6 인분

재료:
스쿼시의 경우:

- 스파게티 스쿼시
- 기름
- 마늘 2~3 쪽
- 소금과 후추 맛
- 파마산 치즈

가지 파슬리드:

- 가지, 얇게 썬 것
- 소금 ½ 테이블스푼
- ⅛ 인치 올리브 오일
- 마늘

지침:
스쿼시의 경우:

a) 스파게티 스쿼시를 평소대로 찌고 잘게 썬다.

b) 큰 프라이팬에 기름 몇 스푼을 두르고 마늘 2~3 쪽을 넣고 1~2 분 동안 천천히 조리합니다.

c) 그런 다음 스파게티 스쿼시를 넣고 마늘과 함께 섞은 다음 소금과 후추를 넣어 맛을 낸 다음 기름(또는 버터)을 더 넣고 원하는 정도로 요리합니다.

d) 그런 다음 파마산 치즈 한 숟가락을 얹고 뜨거운 접시에 올려 가지로 장식합니다. 단 함께 던지지 마세요.

가지 파슬리드

a) 녹색 뚜껑을 잘라내고 야채 필러로 껍질을 제거합니다. ½ 인치 슬라이스로 자르고, 슬라이스를 ½ 인치 스트립으로 자르고, 스트립을 ½ 인치 주사위로 자릅니다. 소쿠리에 소금 ½ 테이블스푼을 넣고 20 분 이상 물기를 빼세요. 그런 다음 수건으로 말리십시오.

b) 큰 프라이팬(붙지 않는 프라이팬 선호)에 ⅛ 인치 올리브를 채우고 가지를 적당히 센 불에 4~5 분 동안 자주 저으면서 한 조각을 맛보고 부드러워질 때까지 볶습니다.

c) 마늘을 넣고 1 분 정도 볶아 익힌 후 마지막에 파슬리만 넣어 버무려주세요.

d) 덥든 춥든 이 자체로는 좋습니다.

e) 원하시는 분들을 위해 더 많은 치즈를 전달해 드립니다.

31. 스페인 스테이크

재료

- 다진 양파 ½ 컵
- 다진 소고기 2 파운드
- 피망 1 개
- 양파 1 개
- 잘게 썰어 바삭하게 조리한 베이컨 4 조각
- 계란 1 개
- 소금 1 테이블스푼, 파프리카, 후추, 타바스코 약간
- 물기를 뺀 토마토 워지 캔 1 개
- 속을 채운 올리브 12 개, 얇게 썬 것
- 강판 치즈 ½ 컵

지침

a)   고기, 양파, 베이컨, 계란, 양념을 잘 섞으세요.

b)   기름칠한 호일을 깐 판에 모양을 만듭니다.

c)   나머지 재료를 얹습니다.

d)   400 도에서 35~40 분간 굽습니다

32. 스쿼시 캐서롤

재료

- 버터 ½컵
- 드라이 드레싱 1 컵
- 스쿼시
- 양파 ¼컵과 같은 당근
- 사워크림 1 컵
- 1 개는 스쿼시 할 수 있다
- 치킨 스톡
- 우유 ½컵

지침

a) 버터 ½컵을 녹입니다.

b) 드라이 드레싱 1 컵을 넣고 섞는다

c) 그런 다음 스쿼시를 ¼인치 두께로 자르고 추가합니다.

d) 양파 ¼컵과 같은 당근을 섞습니다. 약 5 분간 함께 끓입니다.

e) 사워크림 1 컵 스쿼시 1 캔 치킨 스톡을 추가합니다.

f) 우유 ½컵을 넣어주세요

g) 9x9 스쿼시 베이킹 접시 바닥에 ½ 드레싱 믹스를 뿌린 다음 스쿼시와 양파를 뿌립니다.

h) 크림 혼합물을 따르십시오

i) 남은 드레싱 믹스를 얹습니다.

j) 350°F 에서 30 분간 굽습니다.

33. 박제 도토리 스쿼시

재료

- 도토리 스쿼시 1 개
- 다진 양파 1 티스푼
- 잘게 다진 피망 1 티스푼
- 버터 2 테이블스푼
- 강판 치즈 ½ 컵
- 부드러운 빵가루 1 컵
- 소금과 후추

지침

a) 스쿼시를 뜨거운 오븐(화씨 400 도)에서 약 35 분 동안 부드러워질 때까지 굽습니다.

b) 세로로 반으로 자르고 씨를 버리고 가운데 부분을 퍼내십시오. 껍질의 두께는 약 ¼ 인치 정도 남습니다.

c) 펄프를 으깨고 나머지 재료를 추가합니다.

d) 스쿼시 껍질을 쌓고 적당한 오븐(화씨 350 도)에 넣어 윗부분이 갈색이 되도록 합니다.

34. 속을 채운 호박

재료

- 호박, 약 1 파운드
- 기름 2 테이블스푼
- 다진 마늘 1 쪽
- 다진 중간 양파 1 개
- 굵게 다지고 요리하고 물기를 뺀 콩 1 개
- 밥 1½ 컵
- 다진 파슬리 ¼ 컵
- 계란 2 개
- 우유 ⅓ 컵
- 소금과 후추 맛
- 참깨 2 테이블스푼
- 강판 치즈 2 테이블스푼
- 뜨거운 국물

지침

a) 호박을 세로로 반으로 자릅니다. 펄프 예비 껍질을 퍼냅니다.

b) 기름을 데우고 다진 펄프, 마늘, 양파를 추가합니다. 부드러워질 때까지 요리하세요.

c) 열을 제거하십시오. 콩, 쌀, 허브를 저어줍니다.

d) 계란을 치십시오. 액체가 흡수될 때까지 호박 혼합물에 넣으십시오.

e) 소금과 후추를 넣으십시오.

f) 호박 껍질을 혼합물로 채웁니다.

g) 참깨와 치즈를 섞으세요. 위에 뿌려주세요.

h) 베이킹 접시에 뜨거운 국물 ½ 개를 붓습니다.

i) 뚜껑을 덮지 않은 채 화씨 350 도에서 껍질이 부드러워질 때까지 약 30 분간 굽습니다.

35. 고구마 캐서롤

재료

- 설탕 1 컵
- 우유 1⅓ 컵
- 녹인 마가린 1 컵
- 계란 4 개 풀어서
- 소금, 계피, 육두구 각각 ½ 티스푼
- 껍질을 벗기고 얇게 썬 큰 고구마 3~4 개
- 브랜디 ¼ 컵
- 건포도
- 다진 피칸
- 마시멜로

지침

a) 작은 그릇에 건포도를 브랜디에 20 분간 담가둡니다.

b) 얕은 베이킹 팬에 버터를 바르고 고구마 조각을 깔아줍니다.

c) 냄비에 설탕, 소금, 계피, 육두구, 우유, 마가린을 넣고 끓입니다.

d) 계란, 건포도, 브랜디를 넣고 고구마 위에 혼합물을 붓습니다.

e) 기름칠한 캐서롤을 넣고 화씨 300 도에서 30 분 동안 끓입니다.

f) 마시멜로와 다진 피칸을 얹고 몇 분간 갈색이 되도록 볶습니다.

36. 스위스식 스테이크

재료

- 잘게 썬 중간 크기 양파 1 개
- 다진 피망 3 큰술
- 2-2.5 파운드 소고기, 상단이 둥글거나 하단이 ½ 인치 큐브로 자른 스테이크
- 지방/식용유 3 테이블스푼
- 토마토소스 1 캔
- 물 1 컵
- 소금 1½ 티스푼
- 우스터소스 1 테이블스푼
- 후추 ¼ 티스푼
- 밀가루 ½ 컵
- 월계수 잎 1 개

지침

a) 스테이크에 밀가루를 바르고 남은 부분은 털어냅니다.

b) 중간 정도 높은 열로 오일을 가열하십시오. 그런 다음 스테이크의 양면을 황금빛 갈색이 될 때까지 굽습니다(한 면당 6-7 분). 프라이팬에서 소고기를 꺼내 접시에 담습니다.

c) 프라이팬에 양파와 피망을 넣고 2~3 분간 볶습니다. 소금, 후추, 월계수 잎을 넣고 타지 않도록 가끔 저어주면서 3~5 분간 더 조리하세요.

d) 다음으로 토마토 퓌레, 우스터 소스, 소고기, 물 1-2 컵을 추가합니다.

e) 뚜껑을 덮고 약 1 시간 30 분 동안 또는 부드러워질 때까지 끓입니다.

37. 송아지 고기 피카타

재료

- 송아지 고기 1½ 파운드를 두드려서 조각으로 자릅니다.
- 소금 1 티스푼
- 육수 ⅓ 컵
- 얇은 레몬 조각 6 개
- 말린 타라곤 1 티스푼
- 다진 파슬리 2 테이블스푼
- 다용도 밀가루 ½ 컵
- 올리브 오일 2 테이블스푼과 필요에 따라 더 추가

지침

a) 송아지 고기에 소금을 뿌리고 밀가루를 준설하여 남은 부분을 털어냅니다.

b) 프라이팬을 중간 불로 가열하고 기름을 가열합니다.

c) 일괄적으로 작업하면서 송아지 고기 커틀릿을 프라이팬에 넣고 황금빛 갈색이 될 때까지 약 3 분간 조리합니다.

d) 국물, 레몬 조각, 타라곤을 추가합니다.

e) 뚜껑을 덮고 2~3 분간 조리하세요.

f) 서빙하려면 뜨거운 송아지 고기 위에 소스를 숟가락으로 뿌리고 파슬리를 뿌립니다.

38. 사슴고기 캐서롤

재료

- 2 파운드 허리 사슴고기
- 올리브 오일 2 테이블스푼
- 셰리 와인 2 테이블스푼
- 버터 2 테이블스푼
- 1½ 분량 스톡
- 소금 2 티스푼
- 양파즙 1 테이블스푼
- 후추 1 티스푼
- 대시 카이엔
- 다진 파슬리 1 소량

지침

a) 버터에 갈색을 띠고 육수를 추가합니다. 약간의 스톡에 밀가루 약 2 테이블스푼을 섞어서 추가합니다. 양파와 양념

b) 함께 넣고 1 시간 정도 끓입니다.

c) 서빙 직전에 버터와 셰리주를 넣어 맛보세요.

d) 버섯이 추가될 수 있습니다.

39. 사슴고기 육포

재료

- 3 파운드 ¼ 인치 또는 더 얇은 조각으로 자른 사슴 고기 조각
- 소금 1 테이블스푼
- 양파가루 1 티스푼
- 마늘가루 1 티스푼
- 후추 1 티스푼
- ⅓ 컵 우스터 소스
- 간장이나 데리야끼 소스 ¼ 컵 (소스를 조금 더 넣어도 괜찮습니다)

지침

a) 사슴 고기 조각을 덮개가 있는 유리 그릇에 담아 냉장고에 1~2 일 동안 담그고 가끔씩 뒤집어 주세요.

b) 스트립을 장작 난로와 같은 중간 불에서 약 24 시간~48 시간 동안 건조시키거나 낮은 온도의 오븐에서 건조시킵니다.

40. 사슴고기 소시지

재료

- 8 파운드 사슴고기
- 돼지고기 8 파운드
- 회향씨 4 티스푼
- 소금 1 티스푼
- 후추 2 작은술
- 양파가루 1 티스푼
- 마늘가루 1 티스푼
- 고추 1 작은술 (뜨거운 소시지에만 해당)

지침

a) 큰 그릇에 돼지고기, 사슴고기, 회향씨, 소금, 후추, 양파 가루, 마늘 가루, 고추를 넣고 잘 섞습니다. 패티, 통나무로 만들거나 소시지 케이싱을 채웁니다.

b) 큰 프라이팬에 기름을 넣고 중간 불로 가열합니다.

c) 소시지가 갈색이 되고 완전히 익을 때까지 열리거나 조리하세요.

d) 레시피는 반으로 줄일 수 있습니다.

41. 겨울 스쿼시

재료

- 양파
- 타라곤
- 후추
- 소금
- 스쿼시
- 다진 사과
- 으깬 파인애플
- 흑설탕
- 버터
- 다진 피칸
- 오렌지 껍질

지침

a) 타라곤, 후추, 소금으로 양파를 볶습니다.

b) 호박을 삶아서 으깨주세요.

c) 다진 사과를 추가합니다.

d) 으깬 파인애플, 흑설탕, 버터, 다진 피칸, 오렌지 껍질을 층층이 쌓습니다.

e) 잘게 썬 피칸, 흑설탕, 버터로 상단을 장식하세요.

f) 350 도에서 45 분~1 시간 동안 굽습니다.

42. 닭 튀김

재료:

닭고기 1 마리를 8 조각으로 자른다
버터밀크 2 컵
다용도 밀가루 2 컵
소금 2 티스푼
후추 2 티스푼
마늘가루 1 티스푼
양파가루 1 티스푼
파프리카 1/2 티스푼
식물성 기름, 튀김용

지침

큰 그릇에 닭고기 조각을 버터밀크에 담가 최소 1 시간 동안 담가두거나 냉장고에 하룻밤 동안 넣어둡니다.

얕은 접시에 밀가루, 소금, 후추, 마늘 가루, 양파 가루, 파프리카를 섞습니다.

버터밀크에서 닭고기 조각을 꺼내고 남은 부분을 털어냅니다.

밀가루 혼합물에 닭고기 조각을 넣고 남은 부분을 털어냅니다.

큰 프라이팬에 약 1 인치의 식물성 기름을 넣고 중간 불로 가열합니다.

닭고기 조각을 황금빛 갈색이 되고 완전히 익을 때까지 여러 번 튀깁니다. 가슴살은 약 12~15 분, 허벅지, 북채, 날개는 15~18 분 정도 볶습니다. 종이 타월로 물기를 빼십시오.

43. 새우와 밀가루

재료:

돌가루 1 컵
물 4 컵
소금 1/2 티스푼
잘게 썬 체다 치즈 1/2 컵
헤비 크림 1/4 컵
껍질을 벗기고 내장을 제거한 큰 새우 1 파운드
잘게 썬 베이컨 4 조각
잘게 썬 녹색 피망 1 개
잘게 썬 작은 양파 1 개
다진 마늘 2 쪽
닭고기 국물 1/2 컵
버터 2 큰술
소금과 후추 (맛에 따라)
장식용 다진 쪽파

지침:

중간 크기의 냄비에 물과 소금을 넣고 끓입니다. 밀가루를 천천히 저어주고 불을 약하게 줄이세요.

가루가 크림 같고 부드러워질 때까지 가끔 저어주면서 약 20-25 분 동안 요리합니다.

치즈가 녹고 혼합물이 부드러워질 때까지 체다 치즈와 헤비 크림을 넣고 저어주세요. 따뜻한 상태를 유지해 큰 프라이팬에 다진 베이컨을 바삭해질 때까지 조리합니다. 슬롯 형 스푼으로 제거하고 따로 보관하십시오.

같은 프라이팬에 녹색 피망, 양파, 마늘을 중간 불에서 약5~7 분간 부드러워지고 살짝 갈색이 될 때까지 볶습니다.

프라이팬에 새우를 넣고 분홍색이 될 때까지 약3~4 분간 볶습니다.

프라이팬에서 새우를 꺼내 따로 보관합니다.

프라이팬에 닭고기 국물과 버터를 넣고 버터가 녹고 혼합물이 부드러워질 때까지 저어줍니다.

새우와 밀가루에 소금과 후추를 넣어 맛을 냅니다. 밀가루를 그릇에 담고 그 위에 새우 혼합물을 얹습니다.

익힌 베이컨과 다진 쪽파로 장식합니다.

44. 남부식 프라이드치킨

재료:

닭고기 1 마리, 10 조각으로 자른다
버터밀크 2 컵
핫소스 1 테이블스푼
마늘가루 1 테이블스푼
양파가루 1 테이블스푼
훈제 파프리카 1 티스푼
카이엔 고추 1 티스푼
다용도 밀가루 2 컵
베이킹파우더 1 테이블스푼
소금 1 테이블스푼
후추 1 티스푼
튀김용 식물성 기름

지침:

큰 그릇에 버터밀크, 핫소스, 마늘 가루, 양파 가루, 훈제 파프리카, 카이엔 고추를 잘 섞일 때까지 섞습니다.
닭고기 조각을 그릇에 넣고 각 조각이 버터밀크 혼합물에 완전히 코팅되었는지 확인합니다. 그릇을 플라스틱 랩으로 덮고 최소 2 시간 또는 밤새 냉장 보관하세요.
별도의 그릇에 밀가루, 베이킹 파우더, 소금, 후추를 함께 섞습니다.
버터밀크 혼합물에서 닭고기를 꺼내서 남은 부분을 털어내고 각 조각을 밀가루 혼합물에 넣어서 남은 부분을 털어냅니다.
크고 바닥이 두꺼운 프라이팬에 식물성 기름 약 1 인치를 넣고 중간 불에서 350°F 에 도달할 때까지 가열합니다.
프라이팬이 너무 꽉 차지 않도록 주의하면서 닭고기 조각을 뜨거운 기름에 조심스럽게 넣습니다. 닭고기를 12~15 분간 튀기거나, 황금빛 갈색이 되고 바삭해질 때까지 튀기고, 요리 중간에 한 번 뒤집어 줍니다.

프라이팬에서 닭고기를 꺼내서 철망 위에 올려 여분의 기름을 빼냅니다.
으깬 감자와 콜라드 그린과 같은 좋아하는 사이드와 함께 뜨거운 프라이드 치킨을
제공하세요.

45. 치킨 프라이드 스테이크

재료:

큐브 스테이크 4 개
다용도 밀가루 1 컵
마늘가루 1 테이블스푼
양파가루 1 테이블스푼
파프리카 1 티스푼
소금 1 티스푼
흑후추 1/2 티스푼
계란 2 개
우유 1/4 컵
튀김용 식물성 기름
지침:

얕은 접시에 밀가루, 마늘 가루, 양파 가루, 파프리카, 소금, 후추를 함께 섞습니다.

다른 얕은 접시에 계란과 우유를 함께 휘젓습니다.

각 큐브 스테이크를 밀가루 혼합물에 담근 다음 계란 혼합물에 담근 다음 다시 밀가루 혼합물에 담그고 각 조각이 완전히 코팅되었는지 확인합니다.

크고 바닥이 두꺼운 프라이팬에 식물성 기름 약 1/2 인치를 넣고 중간 불에서 350°F 에 도달할 때까지 가열합니다.

프라이팬이 너무 꽉 차지 않도록 주의하면서 큐브 스테이크를 뜨거운 기름에 조심스럽게 넣습니다. 스테이크를 한 면당 3-4 분씩, 또는 황금빛 갈색이 되고 바삭해질 때까지 볶습니다.

프라이팬에서 스테이크를 꺼내어 철망 위에 올려 여분의 기름을 빼냅니다.

닭고기 튀김 스테이크에 으깬 감자, 녹두 등 좋아하는 면을 곁들여 서빙하세요.

수프와 스튜

46. 중국스튜

메이커: 8 인분

재료

- 생선, 랍스터, 게
- 셀러리
- 콩
- 쌀 1 컵, 익힌 것
- 버섯
- 땅콩
- 기름
- 양파
- 브로콜리

지침

a) 냄비에 기름을 두르고 중불로 가열합니다.

b) 양파, 셀러리, 버섯을 볶습니다. 각각 꺼내보세요.

c) 다음으로 콩, 브로콜리, 땅콩을 볶습니다.

d) 첫 번째 배치를 추가한 다음 생선을 추가합니다.

e) 마지막으로 쌀 1 컵을 넣고 1 분간 쪄주세요.

f) 제공하다.

47. 프랑스식 양파 스프

재료

- 다진 양파 6 컵
- 쇠고기 국물 캔 3 10½ 온스
- 대시 우스터셔
- 대시 고추
- 대시 화이트 와인

지침

a) 버터 3 테이블스푼에 양파를 볶고 나머지 재료를 추가합니다.

b) 20 분간 끓인 후 치즈를 추가합니다.

c) 빵과 함께 제공하십시오.

48. 할머니네 시골소고기보리국

재료

- ½-1 파운드 소고기 스튜 고기
- 마늘 2 쪽
- 기름 2 테이블스푼
- 토마토 캔 1 개
- 당근 2 컵
- 셀러리 2 컵
- 녹두 2 컵
- 보리 ½ 컵
- 우스터 소스 1 테이블스푼
- 판치 바질
- 소금과 후추
- 소고기 부용 1 팩

지침

a) 소고기 스튜 고기를 마늘과 함께 기름 2 테이블스푼에 볶습니다.

b) 토마토, 당근, 셀러리, 녹두, 보리, 우스터 소스, 바질 약간, 소금, 후추, 소고기 부용 1 팩을 추가합니다.

c) 3~4 시간 동안 약한 불로 조리하세요.

49. 소꼬리 수프

재료

- 소꼬리 1 개
- 3 인분 스톡
- 큰 양파 1 개
- 다진 당근 1 개
- 클라레 ½ 컵
- 버터 1 테이블스푼
- 스프링 타임 1 개
- 다진 토마토 ½ 컵
- 셀러리 1 줄기
- 스프링 파슬리 2 개
- 월계수 잎 1 개
- 통후추 6 개
- 우스타소스 1 테이블스푼
- 소금

지침

a) 버터에 구운 고기와 양파.

b) 나머지 재료를 넣고 8 시간 정도 끓입니다.

c) 뼈에서 고기를 제거하고 수프로 돌아갑니다.

반찬

50. 구운 감자 스트립

재료

- 황갈색 감자는 껍질을 벗기고 4 등분한 후 3 등분으로 자릅니다.
- 마가린
- 파마산 치즈 ½컵
- 빵가루 ½컵
- 마늘 소금

지침

a) 감자를 마가린에 굴린 후 파마산 치즈, 빵가루를 묻혀서 굴리고,

b) 마늘 소금으로 간을 해주세요.

c) 400 도 오븐에서 30~35 분간 굽습니다.

51. 치즈 프로스트 콜리플라워

분량: 4-5 인분

재료

- 콜리플라워 머리 1 개, 꽃 모양으로 쪼개짐
- 소금
- 마요네즈 ½ 컵
- 준비한 머스타드 2 테이블스푼
- 잘게 썬 샤프 치즈 ¼ 컵

지침

a) 콜리플라워를 끓는 소금물에 12~15 분간 미리 삶아주세요.

b) 물을 빼다. 기름칠하지 않은 베이킹 접시에 넣으세요.

c) 소금을 뿌린다.

d) 마요네즈 ½ 컵과 준비된 머스타드 2 테이블스푼을 섞습니다. 콜리플라워 위에 펴 바릅니다.

e) 잘게 썬 샤프 치즈 ½ 컵을 얹습니다.

f) 화씨 375 도에서 약 10 분 동안 또는 치즈가 녹고 거품이 생길 때까지 굽습니다.

52. 맛있는 감자

재료

- 감자 12-14 개
- 잘게 썬 엑스트라 샤프 치즈 스틱 2 개
- 버터 1 스틱
- 사워크림 2 파인트
- 잘게 썬 중간 크기 양파 1 개
- 소금과 후추 맛

지참

a) 감자를 껍질과 함께 요리하고 식힌 다음 껍질을 벗기고 잘게 찢습니다.

b) 버터 1 스틱으로 엑스트라 샤프 치즈 2 스틱을 녹입니다. 따로.

c) 사워크림 2 파인트, 중간 크기 양파 1 개, 소금과 후추를 섞습니다.

d) 사워크림 혼합물에 치즈와 버터 혼합물을 추가합니다.

e) 감자 위에 붓고 섞는다.

f) 버터를 위에 올려주세요.

g) 화씨 350 도에서 45 분간 굽습니다.

53. 감자 쿠겔

재료

- 중간 크기 감자 6 개
- 계란 2 개
- 밀가루 ½ 컵
- 베이킹파우더 ½ 티스푼
- 소금 1½ 티스푼
- 후추 ½ 티스푼
- 쇼트닝 ¼ 컵
- 중간 양파 2 개

지침

a) 감자를 껍질을 벗기고 갈아주세요.

b) 계란을 추가하고 부드러워질 때까지 치십시오.

c) 밀가루, 소금, 베이킹파우더, 후추를 함께 체쳐주세요. 감자 혼합물에 첨가하십시오.

d) 양파를 갈아서 쇼트닝에 연한 갈색이 될 때까지 볶은 다음,

e) 반죽에 넣고 기름칠한 접시에 담아 350°F 오븐에서 약 1 시간 동안 굽거나 바삭바삭하고 갈색이 될 때까지 굽습니다.

54. 레이저백 감자

재료

- 큰 타원형 감자 6~8 개
- 소금 1 티스푼
- 맛볼 후추
- 버터 ½ 컵
- 갈은 파마산 치즈 ½ 컵
- 말린 빵가루 ⅓ 컵

지침

a) 오븐을 화씨 450 도까지 가열합니다. 감자는 균일한 크기로 껍질을 벗겨야 합니다.

b) 한쪽 끝에 쌓인 각 감자를 ¼ 인치 조각으로 자르고 바닥에서 ¼ 인치 위에 토핑을 얹어 조각이 부화되도록 합니다.

c) 잘게 썬 감자를 기름칠이 잘 된 얕은 베이킹 팬에 위쪽으로 놓습니다.

d) 소금과 후추를 뿌리고 버터를 살짝 뿌려주세요. 오븐에서 20 분 동안 굽습니다.

e) 팬에 버터를 가끔 가미하여 굽습니다. 치즈와 빵가루를 섞으세요. 감자 사이에 넉넉히 뿌려주세요. 상단에 각각 슬라이스하십시오.

f) 황금빛 갈색이 되고 부드러워질 때까지 가끔씩 시침질을 하면서 25~30 분간 더 굽습니다.

55. 콜라드 그린스

재료:

줄기를 제거하고 잎을 잘게 썬 콜라드 그린 2 파운드
닭육수 6 컵
잘게 썬 큰 양파 1 개
다진 마늘 3 쪽
훈제 햄 족발 또는 칠면조 목살 2 개
소금 1 티스푼
흑후추 1/2 티스푼
1/4 티스푼 레드 페퍼 플레이크
지침:

큰 냄비에 닭고기 국물을 끓입니다.
콜라드 그린, 양파, 마늘, 햄 비절 또는 칠면조 목살, 소금, 후추, 고추 플레이크를
추가합니다.

디저트

56. 올스타 아이스크림 샌드위치

제공량: 4 인분 | 준비: 10 분 | 요리: 5 분 | 준비완료:

재료

부드러워진 초콜릿 칩 쿠키 반죽 아이스크림 1/2 컵

오레오 쿠키 8 개

녹인 밀크 초콜릿 캔디 코팅 6 온스

빨간색, 흰색, 파란색 스프링클

방향

2 큰술로 쿠키의 절반을 떠내십시오. 아이스크림을 얹은 다음 남은 쿠키를 그 위에 올려주세요. 녹인 코팅으로 윗면을 떠낸 다음 스프링클을 사용하여 장식합니다. 최소 1 시간 동안 베이킹 시트 위에서 얼립니다.

영양 정보

칼로리:

콜레스테롤:

단백질

총지방:

나트륨:

섬유:

총 탄수화물:

57. 애플크림파이

제공량: 8 | 준비: 25 분 | 요리: 35 분 | 준비완료:

재료

얇게 썬 사과 4 컵

흰설탕 1 컵

다용도 밀가루 2 테이블스푼

육두구 가루 1 티스푼

계피가루 2 티스푼

버터 4 테이블스푼

반반 2 컵

9 인치 싱글 크러스트 파이용 페이스트리 레시피 1 개

방향

오븐을 190°C(375°F)로 설정하고 예열을 시작하세요.

파이크러스트에 사과를 배열합니다. 계피, 육두구, 밀가루, 설탕을 섞습니다. 사과 레이어에 뿌립니다.

버터가 녹을 때까지 가열하고 크림에 섞습니다. 사과 위에 뿌렸습니다.

껍질이 황금빛 갈색으로 변하고 거품이 가득 차고 사과가 부드러워질 때까지 190°C(375°F)에서 35 분간 굽습니다. 실온에 도달할 때까지 식혀주세요. 충전물을 설정하기 위해 냉장고에서 식히십시오.

영양정보

칼로리: 383 칼로리;

콜레스테롤: 38

단백질 3.6

총지방: 20.5

나트륨: 183

총 탄수화물: 48.6

58. 사과 소스를 곁들인 만두

제공량: 8 인분 | 준비: 60 분| 요리: 50 분 | 준비 완료:

재료

다용도 밀가루 3 컵

소금 1 티스푼

쇼트닝 1 컵

찬물 1/3 컵

껍질을 벗기고 속을 제거한 중간 크기의 시큼한 사과 8 개

버터 8 티스푼

계피 설탕 9 티스푼을 나누어서 준비합니다.

소스

포장된 흑설탕 1-1/2 컵

물 1 컵

버터 1/2 컵, 깍둑썰기

방향

큰 그릇에 소금과 밀가루를 함께 섞은 다음 바스러질 때까지 쇼트닝으로 자릅니다. 점차적으로 물을 넣고 포크를 사용하여 반죽이 공 모양이 될 때까지 저어줍니다. 반죽을 8 등분으로 나눈 후 뚜껑을 덮고 다루기 쉬울 때까지 최소 30 분 동안 식힙니다.

오븐을 350 도로 설정하고 반죽의 각 부분을 밀가루로 가볍게 코팅한 2 개의 왁스 종이 시트 사이에 말아서 7 인치 정사각형으로 만듭니다. 각 사각형에 사과 1 개를 놓은 다음 각 사과 중앙에 버터와 계피 설탕을 각각 1 티스푼씩 넣습니다.

여분의 부분을 잘라내면서 페이스트리 모서리를 각 중앙에 부드럽게 모은 다음 가장자리를 눌러 밀봉합니다. 원한다면 반죽 찌꺼기에서 사과 잎과 줄기를 잘라낸 다음 물을 사용하여 만두에 붙입니다. 기름칠한 13 인치 x 9 인치 베이킹 접시를 넣고 남은 계피 설탕을 위에 뿌립니다.

큰 냄비에 소스 재료를 함께 섞습니다. 섞일 때까지 저으면서 끓인 다음 사과 위에 이슬비를 뿌립니다.

페이스트리가 황금빛 갈색으로 변하고 사과가 부드러워질 때까지 약 50~55 분 동안 굽고 남은 소스를 가끔 가미합니다. 따뜻하게 서빙하세요.

영양정보

칼로리: 760 칼로리

단백질: 단백질5g.

총지방: 지방40g (포화지방16g)

나트륨: 나트륨466mg

섬유: 3g 섬유)

총탄수화물: 탄수화물97g (당류59g)

콜레스테롤: 콜레스테롤41mg

59. 애플 레몬 퍼프

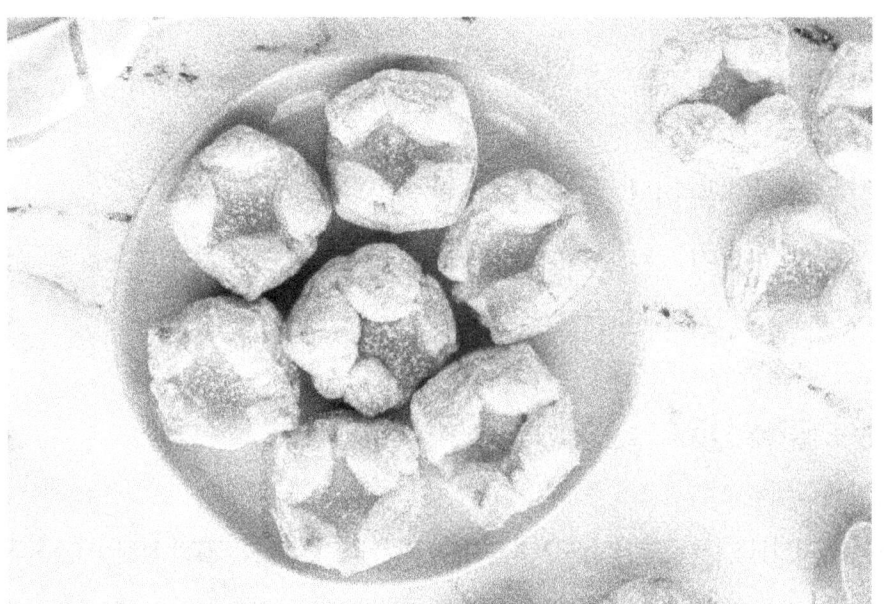

제공량: 1 인분 | 준비: 20 분 | 요리: 15 분 | 준비 완료:

재료

버터 1-1/2 티스푼

껍질을 벗기고 속을 제거한 후 고리 모양으로 자른 작은 사과 1 개

설탕 6 티스푼 나누어서

큰 달걀 1 개, 분리

갈은 레몬 껍질 1/2 티스푼

바닐라 추출물 1/4 티스푼

다용도 밀가루 1/2 티스푼

방향

프라이팬에 버터를 중불로 녹입니다. 사과 링을 추가하세요. 위에 설탕 2 티스푼을 뿌려주세요. 부드러워질 때까지 요리하고 1 회 뒤집습니다. 바닐라, 레몬 제스트, 달걀 노른자를 그릇에 넣고 1 분 동안 섞습니다. 뻣뻣한 봉우리가 형성될 때까지 별도의 그릇에 달걀 흰자를 휘젓습니다. 남은 설탕과 밀가루를 섞으세요. 달걀 노른자 혼합물에 접습니다. 기름을 살짝 두른 2 컵 베이킹 접시에 사과 링을 넣습니다. 계란 혼합물을 펼쳐서 얹습니다. 굽고 황금빛 갈색이 될 때까지 또는 15-18 분 동안 350°에서 굽습니다. 서빙 접시에 거꾸로 뒤집어 놓습니다.

영양정보

칼로리: 292 칼로리

나트륨: 나트륨 121mg

섬유: 3g 섬유)

총탄수화물: 탄수화물 43g (당류 38g)

콜레스테롤: 228mg 콜레스테롤

단백질: 단백질 7g.

총지방: 지방11g (포화지방5g)

60. 애플 라즈베리 크리스프

제공량: 12 인분 | 준비: 35 분 | 요리: 40 분 | 준비완료:

재료

얇게 썬 껍질을 벗긴 타르트 사과 10 컵 (중간 크기 약 10 개)

신선한 라즈베리 4 컵

설탕 1/3 컵

3 테이블스푼과 다용도 밀가루 3/4 컵을 나누어서 사용합니다.

옛날식 귀리 1-1/2 컵

포장된 흑설탕 1 컵

통밀가루 3/4 컵

차가운 버터 3/4 컵

방향

큰 그릇에 라즈베리와 사과를 넣으세요. 다용도 밀가루와 설탕 3 테이블스푼을 넣으세요. 가볍게 섞어 코팅합니다. 기름칠된 13x9 인치에 추가합니다. 베이킹팬 남은 다용도 밀가루, 통밀가루, 흑설탕, 귀리를 작은 그릇에 넣고 섞습니다. 바스러질 때까지 버터로 으깨십시오. 위에 뿌려주세요 (접시가 가득 찰 것입니다). 350°에서 뚜껑을 덮지 않고 40~50 분 동안 또는 토핑이 황금빛 갈색이 되고 속이 거품이 날 때까지 굽습니다. 따뜻할 때 서빙하세요.

영양 정보

칼로리: 353 칼로리

나트륨: 나트륨 89mg

섬유: 6g 섬유

총 탄수화물: 탄수화물 59g (당류 35g)

콜레스테롤: 콜레스테롤 30mg

단백질: 단백질 4g.

총 지방: 지방 13g (포화지방 7g)

61. 사과 호두 초승달

제공량: 16 인분 | 준비: 15 분 | 요리: 20 분 | 준비 완료:

재료

냉장 초승달 롤 2 개 패키지(각 8 온스)

설탕 1/4 컵

계피 가루 1 테이블스푼

껍질을 벗겨 4 등분한 중간 크기의 시큼한 사과 4 개

다진 호두 1/4 컵

건포도 1/4 컵, 선택사항

녹인 버터 1/4 컵

방향

오븐을 화씨 375 도까지 예열하여 준비합니다. 초승달 모양의 롤 반죽을 펴고 16 개의 삼각형으로 나눕니다. 계피와 설탕을 섞는다. 각 삼각형에 약 1/2 티스푼을 뿌립니다. 짧은 쪽 근처에 사과 조각을 놓고 말아 올리세요. 그런 다음 기름칠된 15x10x1 인치 베이킹 팬을 넣으세요. 원한다면 건포도와 호두를 반죽 위에 올려주세요. 버터를 뿌린다. 남은 계피 설탕을 뿌립니다. 예열된 오븐에 넣고 20~24 분간 또는 황금빛 갈색이 될 때까지 굽습니다. 뜨겁게 서빙하세요.

영양 정보

칼로리: 177 칼로리

나트륨: 나트륨 243mg

섬유: 1g 섬유)

총 탄수화물: 탄수화물 19g (당류 9g)

콜레스테롤: 8mg 콜레스테롤

단백질: 단백질 2g.

총지방: 지방 10g (포화지방 3g)

62. 살구베리 쇼트케이크

제공량: 2 인분 | 준비: 15 분 | 요리: 0 분 | 준비완료:

재료

신선한 라즈베리 및/또는 블랙베리 1 컵

설탕 1 테이블스푼

대쉬 지상 육두구

살구잼 1/4 컵

버터 1 티스푼

대시 소금

개별 원형 스펀지 케이크 2 개

휘핑 크림

방향

작은 그릇에 육두구, 설탕, 딸기를 섞습니다. 씌우다. 한 시간 동안 냉장 보관하십시오.

소금, 버터, 잼을 섞어서 작은 냄비에 넣고 약한 불에서 버터가 녹을 때까지 요리하세요. 스펀지 케이크를 전자레인지에 넣고 20 초 동안 데우세요. 서빙 접시에 담으십시오. 베리 혼합물을 위에 올려 놓으십시오. 살구 소스를 뿌린다. 그 위에 생크림 한 덩어리를 올려주세요.

영양정보

칼로리: 253 칼로리

총 탄수화물: 탄수화물 54g (당류 32g)

콜레스테롤: 콜레스테롤 33mg

단백질: 단백질 2g.

총지방: 지방 4g (포화지방 2g)

나트륨: 나트륨 283mg

섬유: 4g 섬유)

63. 피넛 버터 퍼지

분량: 3 파운드 | 준비: 20 분 | 요리: 5 분 | 준비 완료:

재료

1 티스푼과 버터 1/2 컵을 나누어서

청키한 땅콩버터 1 컵

깍둑썰기한 프로세스 치즈(Velveeta) 1 팩(8 온스)

제과용 설탕 1 팩(2 파운드)

바닐라 추출물 1-1/2 티스푼

방향

호일을 사용하여 13 인치 x 9 인치 팬을 깔고 호일에 버터 1 티스푼을 바르십시오. 따로 보관하십시오.

크고 무거운 냄비에 남은 버터, 치즈, 땅콩 버터를 섞습니다. 녹을 때까지 중간 불로 요리하고 섞습니다. 더위를 피하세요. 바닐라와 제과용 설탕을 점차적으로 혼합할 때까지 섞습니다(혼합물은 걸쭉해질 것입니다).

줄이 있는 팬에 뿌립니다. 2 시간 동안 또는 단단해질 때까지 냉장 보관하세요.

호일을 사용하여 팬에서 퍼지를 꺼냅니다. 포일을 던져라; 퍼지를 1 인치 정사각형으로 자릅니다. 밀폐용기에 담아 냉장고에 보관하세요.

영양 정보

칼로리: 69 칼로리

총 탄수화물: 탄수화물 10g (당류 9g)

콜레스테롤: 콜레스테롤 5mg

단백질: 단백질 1g. 당뇨병 교환: 1/2 전분

총 지방: 지방 3g (포화지방 1g)

나트륨: 나트륨 50mg

섬유: 0 섬유)

64. 유명한 버터스카치 치즈케이크

제공량: 12 인분 | 준비: 30 분 | 요리: 01 시간 05 분 | 준비 완료:

재료

그레이엄 크래커 부스러기 1-1/2 컵

포장된 흑설탕 1/3 컵

녹인 버터 1/3 컵

가당 연유 1 캔(14 온스)

차가운 2% 우유 3/4 컵

인스턴트 버터스카치 푸딩 믹스 1 팩(3.4 온스)

부드러워진 크림치즈 3 팩(각 8 온스)

바닐라 추출물 1 티스푼

큰 계란 3 개, 살짝 풀어서 준비

휘핑 크림과 으깬 버터스카치 캔디(선택 사항)

방향

두 배 두께의 튼튼한 포일(약 18 인치 정사각형) 위에 기름칠한 9 인치 스프링폼 팬을 놓습니다. 팬 주위에 호일을 단단히 감습니다. 작은 그릇에 설탕과 크래커 부스러기를 함께 섞습니다. 버터를 섞는다. 준비된 팬 바닥에 혼합물을 누르십시오. 베이킹 시트에 팬을 놓습니다. 325 도에서 10 분간 굽습니다. 와이어 랙에 올려 식혀주세요.

작은 그릇에 푸딩 믹스와 우유를 넣고 약 2 분 동안 휘젓습니다.

부드러워질 때까지 약 2 분 동안 그대로 둡니다.

동시에 큰 그릇에 크림치즈를 넣고 부드러워질 때까지 치십시오. 바닐라와 푸딩을 넣고 휘젓습니다. 계란을 넣고 섞일 때까지 저속으로 휘핑해 주세요. 빵 껍질 위에 붓습니다. 큰 베이킹 팬에 스프링폼 팬을 배열합니다. 더 큰 팬에 1 인치의 뜨거운 물을 붓습니다.

윗부분이 흐릿해지고 중앙이 거의 자리잡을 때까지 325 도에서 65~75 분간 굽습니다. 수조에서 스프링폼 팬을 꺼냅니다.

와이어 랙에서 10 분간 식혀주세요.

팬 가장자리를 따라 칼을 움직여 조심스럽게 풀어줍니다. 1 시간 더 식혀주세요. 밤새 냉장고에 넣어두세요. 원하는 경우 휘핑 크림과 버터스카치 캔디를 사용하여 장식하세요.

영양정보

칼로리: 473 칼로리

단백질 단백질10g.

총지방: 지방30g (포화지방18g)

나트륨: 나트륨460mg

섬유: 0 섬유)

총탄수화물: 탄수화물42g (당류34g)

콜레스테롤: 콜레스테롤141mg

65. 오스트리아 너트 쿠키

제공량: 샌드위치 쿠키 10 개 | 준비: 30 분 | 요리: 10 분 | 준비완료:

재료

다용도 밀가루 1 컵

잘게 다진 아몬드 2/3 컵

설탕 1/3 컵

부드러워진 버터 1/2 컵

씨 없는 라즈베리 잼 1/4 컵

프로스팅

녹여서 식힌 무가당 초콜릿 1 온스 제과용 설탕 1/3 컵 부드러워진 버터 2 테이블스푼 잘게 썬 아몬드(선택 사항)

방향

그릇에 설탕, 잘게 썬 아몬드, 밀가루를 섞습니다. 반죽이 잘 섞일 때까지 버터를 섞으세요. 반죽을 1/8 인치로 굴립니다. 밀가루를 뿌린 표면이 두껍습니다. 2 인치를 사용하여 절단합니다. 라운드 커터. 기름칠 베이킹 시트를 1 인치 올려 놓습니다. 따로, 씌우다. 1 시간 동안 냉장 보관하세요.

발견하다. 가장자리가 살짝 갈색이 될 때까지 375°에서 굽거나 7-10 분간 굽습니다. 와이어 랙으로 옮깁니다. 완전 시원해. 잼과 함께 쿠키 1/2 개를 펴십시오. 다른 쿠키를 얹으세요.

설탕 프로스팅. 버터, 제과압체의 설탕, 초콜릿을 섞습니다. 쿠키 위에 퍼집니다. 장식용으로 아몬드 조각을 사용하세요.

영양정보

칼로리: 277 칼로리

총지방: 지방 18g (포화지방 9g)

나트륨: 나트륨 92mg

섬유: 2g 섬유)

총탄수화물: 탄수화물28g (당류16g)

콜레스테롤: 콜레스테롤31mg

단백질: 단백질4g.

66. 바나나 사과소스 케이크

제공량: 16-20 인분 | 준비: 40 분 | 요리: 25 분 | 준비완료:

재료

부드러워진 버터 1 컵

설탕 2 컵

계란 4 개 분리

다용도 밀가루 3 컵

베이킹파우더 2 티스푼

우유 1 컵

바닐라 추출물 1/2 티스푼

레몬 추출물 1/2 티스푼

충전재:

달콤한 사과소스 2 컵

잘게 썬 중간 크기의 단단한 바나나 3 개

레몬즙 3 테이블스푼

프로스팅:

설탕 1 컵

달걀 흰자 2 개

물 3 테이블스푼

타르타르 크림 1/2 티스푼

소금 1/4 티스푼

바닐라 추출물 1 티스푼

구운 코코넛 1/4 컵

방향

큰 그릇에 설탕과 버터를 넣고 부드러워질 때까지 크림화하세요. 달걀 노른자를 치고 추출합니다. 베이킹파우더와 밀가루를 함께 섞은 후 크림 혼합물에 우유를 번갈아 넣고 섞으세요.

매 증분 후에 잘 뛰는 것

작은 그릇에 달걀 흰자를 풀어서 부드러운 봉우리를 만든 다음 반죽에 부드럽게 섞습니다. 기름칠을 한 9 인치 원형 베이킹 팬 3 개에 옮깁니다. 케이크 테스트가 완료될 때까지 350 도에서 약 25~30 분간 굽습니다. 약 10 분간 식힌 후 팬에서 꺼내어 철망 위에 올려 완전히 식혀주세요.

사과소스를 나누어 케이크 2 겹에 펴 바릅니다. 바나나를 레몬즙에 담그고 사과 소스 위에 올려 놓습니다. 일반 층이 위에 있는 서빙 접시에 쌓으세요.

프로스팅을 만들려면 크고 무거운 냄비에 소금, 타르타르 크림, 물, 달걀 흰자, 설탕을 넣고 약한 불로 섞으세요. 핸드믹서로 약 1 분 정도 저속으로 휘핑한 후, 프로스팅이 160 도에 도달할 때까지 약불로 8~10 분간 저속으로 계속 휘핑합니다. 큰 그릇에 옮긴 다음 바닐라를 넣습니다. 단단한 봉우리가 형성될 때까지 7 분간 고속으로 치십시오. 케이크의 윗면과 옆면에 프로스팅을 뿌린 다음 코코넛을 뿌려주세요. 보관을 위해 냉장고에 보관하세요.

영양 정보

칼로리: 332 칼로리

단백질: 단백질 4g.

총 지방: 지방 11g (포화지방 7g)

나트륨: 나트륨 191mg

섬유: 1g 섬유)

총 탄수화물: 탄수화물 55g (당류 39g)

콜레스테롤: 69mg 콜레스테롤

67. 바나나칩케이크

제공량: 16 인분 | 준비: 25 분 | 요리: 40 분 | 준비 완료:

재료

옐로 케이크 믹스 1 봉 (일반 사이즈)

물 1-1/4 컵

큰 계란 3 개

무가당 사과소스 1/2 컵

으깬 중간 크기 바나나 2 개

소형 약간 달콤한 초콜릿 칩 1 컵

다진 호두 1/2 컵

방향

큰 그릇에 사과소스, 계란, 물, 케이크 믹스를 함께 섞습니다. 낮은 온도에서 30 분 동안 혼합물을 섞습니다. 중간 속도로 높이고 2 분간 사용합니다. 호두, 칩, 바나나를 섞습니다.

쿠킹 스프레이를 사용하여 10 인치 홈이 있는 튜브 팬에 뿌린 다음 밀가루를 뿌립니다. 반죽을 붓는다. 케이크 중앙에 넣었을 때 이쑤시개가 깨끗하게 나올 때까지 350 도, 약 40~50 분 정도 굽습니다. 케이크를 10 분간 식혀주세요. 팬에서 꺼내어 와이어 랙에 올려 놓은 후 완전히 식혀주세요.

영양 정보

칼로리: 233 칼로리

섬유: 1g 섬유

총 탄수화물: 탄수화물 38g (당류 24g)

콜레스테롤: 콜레스테롤 40mg

단백질: 단백질 3g.

총 지방: 지방 9g (포화지방 4g)

나트륨: 나트륨 225mg

68. 바나나 플립 케이크

제공량: 16 인분 | 준비: 30 분 | 요리: 30 분 | 준비완료:

재료

옐로케이크믹스 1 봉 (알반사이즈)

인스턴트 바나나 또는 바닐라 푸딩 믹스 1 팩 (3.4 온스)

2% 우유 1-1/2 컵

계란 4 개

프로스팅

다용도 밀가루 1/3 컵

2% 우유 1 컵

부드러워진 버터 1/2 컵

쇼트닝 1/2 컵

설탕 1 컵

바닐라 추출물 1-1/2 티스푼

제과용 설탕 2 테이블스푼

방향

왁스칠된 종이를 사용하여 그리스로 코팅된 2 개의 15 인치 x10 인치 x1 인치 베이킹 팬에 줄을 놓은 다음 종이에 그리스를 바르고 따로 보관합니다.

큰 그릇에 계란, 우유, 푸딩 믹스, 케이크 믹스를 함께 섞은 후 약 30 분 동안 저속으로 치십시오. 약 2 분간 중간 속도로 계속 치십시오.

준비된 팬에 반죽을 펴고 중앙에 꽂은 후 이쑤시개가 깨끗하게 나올 때까지 350 도에서 약 12~15 분간 굽습니다. 완전히 식도록 와이어 랙 위에 뒤집기 전에 약 5 분간 식혀주세요. 왁스칠된 종이를 부드럽게 떼어냅니다.

그동안 작은 냄비에 우유와 밀가루를 넣고 부드러워질 때까지 휘젓습니다. 혼합물을 끓인 다음 걸쭉해질 때까지 약 2 분간 조리하고 저어줍니다. 불을 끄고 뚜껑을 덮어 실온으로 식혀주세요.

대용량 스탠드 믹서의 그릇에 설탕, 쇼트닝, 버터를 넣고 푹신하고 가벼워질 때까지 크림화하세요. 바닐라로 치십시오. 우유 혼합물을 넣고 푹신해질 때까지 약 10~15분 동안 강하게 휘핑합니다.

케이크 한 개를 큰 도마 위에 올리고 그 위에 프로스팅을 펴 바릅니다. 남은 케이크를 위에 올리고 설탕을 더 뿌려주세요. 케이크를 조각으로 자르고 남은 음식을 식히십시오.

영양정보

칼로리: 355 칼로리

나트륨: 나트륨372mg

섬유: 0 섬유)

총탄수화물: 탄수화물49g (당류35g)

콜레스테롤: 71mg 콜레스테롤

단백질: 단백질4g.

총지방: 지방16g (포화지방7g)

69. 바나나 럼 선디(2 인분)

제공량: 2 인분 | 준비: 10 분 | 요리: 10 분 | 준비완료:

재료

버터 1 테이블스푼

포장된 흑설탕 1/4 컵

대쉬 지상 육두구

반으로 잘라 얇게 썬 중간 크기의 단단한 바나나 2 개

황금 건포도 2 테이블스푼

럼 1 테이블스푼

구운 아몬드 슬라이스 1 테이블스푼

바닐라 아이스크림 1-1/3 컵

방향

중간 정도의 낮은 불에 붙지 않는 큰 프라이팬에 버터를 녹입니다.

흑설탕과 육두구가 섞일 때까지 혼합물에 저어줍니다.

불을 끄십시오. 아몬드, 건포도, 럼, 바나나를 추가합니다. 바나나가 약간 부드러워지고 광택이 날 때까지 약 3-4 분 동안 중간 불로 천천히 저으면서 조리합니다. 아이스크림과 함께 제공됩니다.

영양정보

칼로리: 497 칼로리

단백질: 단백질 5g.

총지방: 지방 17g (포화지방 10g)

나트륨: 나트륨 124mg

섬유: 4g 섬유)

총탄수화물: 탄수화물 82g (당류 63g)

콜레스테롤: 콜레스테롤 54mg

70. 바나나 스플릿 쇼트케이크

제공량: 4 인분 | 준비: 10 분 | 요리: 0 분 | 준비완료:

재료

파운드 케이크 8 조각(두께 1/2 인치) 또는 개별 원형 스펀지 케이크 4 개

1/4 인치 크기로 자른 중간 크기의 단단한 바나나 2 개 바닐라 아이스크림 4 스쿱

초콜릿 소스 1/4 컵

방향

4 개의 개별 접시에 케이크 조각을 놓습니다. 아이스크림과 바나나를 얹습니다. 초콜릿 소스로 장식합니다.

영양정보

칼로리:

나트륨:

섬유:

총 탄수화물:

콜레스테롤:

단백질

총 지방:

71. 베리 블루 팝스

제공량: 18 팝 | 준비: 25 분| 요리: 0 분| 준비완료:

재료

베리 블루 젤라틴 6 테이블스푼

설탕 1 컵 나누어서 준비

끓는 물 2 컵을 나누어 준비합니다.

찬물 2 컵을 나누어서

딸기 젤라틴 6 테이블스푼

냉동고 팝 몰드 18 개 또는 종이컵 18 개(각각 3 온스) 및 나무 팝 스틱

방향

작은 그릇에 담긴 끓는 물 1 컵에 설탕 1/2 컵과 베리 블루 젤라틴 가루를 녹입니다. 찬물 1 컵을 넣고 섞습니다. 다른 그릇에 남은 끓는 물에 남은 설탕과 딸기 젤라틴 가루를 녹입니다. 남은 찬물을 섞어주세요.

작은 그릇에 딸기 젤라틴 혼합물 1/2 개와 베리 블루 젤라틴 혼합물 1/2 개를 섞습니다. 모두 슬러시가 될 때까지 또는 1 3/4-2 시간 동안 냉동실에 넣으세요. 큰 그릇에 3 가지 색상을 원하는 대로 섞으세요. 각 컵/몰드를 1/4 컵 젤라틴 혼합물로 채웁니다. 홀더를 위에 올려 놓습니다. 컵 사용하는 경우의 경우 호일을 덮은 다음 호일을 통해 스틱을 삽입합니다. 단단해질 때까지 얼립니다.

영양정보

칼로리: 77 칼로리

나트륨: 나트륨 21mg

섬유: 0 섬유)

총탄수회물: 탄수화물 19g (당류 19g)

콜레스테롤: 0 콜레스테롤

단백질: 단백질 1g. 당뇨병 교환: 전분 1 개.

총지방: 0 지방(0 포화지방)

72. 블랙체리 샤베트

분량: 2-1/2 쿼트 | 준비: 25 분 | 요리: 20 분 | 준비완료:

재료

해동하여 씨를 제거하고 4 등분한 신선하거나 냉동한 달콤한 체리 4 컵

설탕 1 컵

차가운 블랙 체리 소다 2 리터

가당 연유 1 캔(14 온스)

소형 약간 달콤한 초콜릿 칩 1 컵(6 온스)

방향

큰 냄비에 체리와 설탕을 넣고 중간 불로 약 15 분 동안 약간 걸쭉해질 때까지 요리하고 가끔씩 저어줍니다. 큰 그릇에 추가하십시오. 실온으로 식혀주세요. 차가워질 때까지 냉장 보관하세요.

소다, 우유, 초콜릿 칩을 혼합물에 섞습니다. 혼합물을 아이스크림 냉동고의 실린더에 2/3 가량 채워질 때까지 채웁니다. 제조업체의 지시에 따라 동결하십시오. (나머지 혼합물은 얼릴 준비가 될 때까지 냉장 보관하세요.) 아이스크림을 냉동 용기에 넣고 팽창을 위해 공간을 남겨두세요. 2~4 시간 동안 굳을 때까지 얼립니다. 나머지 아이스크림 혼합물에도 이 과정을 반복하세요.

영양정보

칼로리: 213 칼로리

섬유: 1g 섬유

총 탄수화물: 탄수화물 43g (당류 41g)

콜레스테롤: 7mg 콜레스테롤

단백질: 단백질 2g.

총 지방: 지방 5g (포화지방 3g)

나트륨: 나트륨 39mg

73. 블랙베리를 얹은 스펀지 케이크

제공량: 6 인분 | 준비: 10 분 | 요리: 15 분 | 준비완료:

재료

개별 원형 스펀지 케이크 6 개

신선한 블랙베리 4 컵

블랙베리 브랜디 1/4 컵

설탕 1-1/4 티스푼

휘핑크림, 선택사항

방향

스펀지 케이크를 서빙 접시에 담으세요. 그 위에 블랙베리 3 개를 올려주세요. 푸드 프로세서를 사용하여 나머지 블랙베리를 섞습니다. 퓨레가 될 때까지 섞는다. 여과하여 펄프와 씨앗을 제거합니다. 작은 냄비에 퓨레를 붓습니다. 저으면서 설탕과 브랜디를 섞는다. 끓여서 액체의 절반이 증발할 때까지 계속 요리하면서 주기적으로 저어줍니다. 딸기 위에 붓습니다. 원하시면 휘핑크림을 토핑으로 사용해 보세요.

음료수

74. 애플파이 문샤인

재료

- ½ 갤런 사과 사이다
- ½ 갤런 사과 주스
- 1 리터 에버클리어
- 흑설탕 1 컵
- 환설탕 1 컵
- 바닐라 1 컵
- 계피 스틱
- 대시 육두구
- 대시 애플파이 스파이스

지침

a) 사과 주스, 사과 사이다, 백설탕, 흑설탕, 계피 스틱, 육두구, 바닐라, 사과 파이 향신료를 큰 냄비에 넣고 섞습니다. 거의 끓게 가져 오십시오.

b) 냄비에 뚜껑을 덮고 불을 줄여 1 시간 정도 끓인다.

c) 불을 끄고 완전히 식혀주세요.

d) 사과 시럽에 Everclear 를 추가합니다. 계피 스틱을 제거하십시오.

e) 사과 파이 월계수를 깨끗한 유리병이나 병에 붓습니다.

f) 냉장고에 보관하세요.

75. 선라이즈 에그노그

재료

- 스튜어트 에그노그 1 쿼트
- 3 온스 코냑
- 럼 1½ 온스
- 크림 드 카카오 1½ 온스

지침

a) 모든 재료를 결합하십시오

b) 잘 섞다

c) 원한다면 식히세요

76. 과일 코디얼

재료

- 과일 3 파운드
- 2½ 파운드 설탕
- 진, 보드카 또는 브랜디

지침

a)   1 갤런짜리 병에 과일을 설탕과 함께 넣고 진, 보드카 또는 브랜디를 첨가합니다.

b)   덮고 따로 보관하십시오.

c)   매일 2~3 번씩 뒤집어 주세요. 흔들지 마십시오. 설탕이 녹을 때까지 반복하세요.

d)   2 달 정도 지나면 괜찮아요.

77. 포도주

재료

- 포도
- 설탕
- 물

지침

방법1

a) 포도를 씻어서 줄기를 따세요

b) 팬에 감자 으깨기로 으깬 뒤 깨끗한 도기 냄비에 담습니다.

c) 소량의 뜨거운 물에 설탕을 녹입니다. 포도에 추가하십시오.

d) 매일 펄프를 뒤집어 주면서 5~6 일 또는 7~10 일 동안 그대로 두십시오.

e) 윗부분의 과육을 떼어내고 약 30 일 동안 방치한 후 병에 담습니다.

방법2

a) 펄프를 가져다가 물과 설탕을 넣으십시오. 다시 5~10 일 동안 그대로 두세요.

b) 과육을 짜내고 30 일 동안 그대로 둔 후 병에 담습니다.

78. 칼루아

재료

- 흰설탕 3 컵
- 흑설탕 1 컵
- 물 2 컵
- 인스턴트 커피 2 온스
- 바닐라빈 1 개
- 1 쿼트 보드카 (90 프루프 사용)

지침

a) 물 2 컵을 가볍게/부드럽게 끓입니다.

b) 인스턴트 커피를 저어주세요.

c) 녹을 때까지 설탕을 저어줍니다. 식히기 위해 따로 보관하십시오.

d) ½ 갤런 또는 (1½ 리터) 다크 위스키 병에 보드카를 붓습니다.

e) 바닐라 빈을 1 인치 크기로 자르고 병에 넣으세요.

f) 냉각된 혼합물을 채우고,

g) 병을 돌려 섞으세요.

h) 1 개월간 어두운 곳에 보관

i) 참고: 바닐라 빈은 월말(숙성 기간)에 완전히 녹습니다. 일부 식료품점에서 바닐라 콩을 구입할 수 있지만 향신료 상점이나 기타 건강 식품 상점에서는 훨씬 저렴하다는 것을 알았습니다.

재료

- 물 1 쿼트
- 설탕 3 컵
- 유반 인스턴트 커피 10 티스푼(타 브랜드 없음)
- 순수 바닐라 추출물 3 티스푼
- 보드카 3 컵(90 프루프)

지침

a) 뚜껑을 덮지 않은 냄비에 물, 설탕, 커피를 넣고 1 시간 동안 끓입니다.

b) 실온으로 식힌 후 바닐라 추출물과 보드카를 첨가합니다.

80. 바닐라 추출물이 함유된 깔루아

재료

- 물 1 쿼트(4 컵)
- 설탕 3 컵
- 인스턴트 커피 10 티스푼
- 바닐라 추출물 9 티스푼
- 보드카 3 컵

지침

a) 물, 설탕, 커피를 넣고 끓인 후 3 시간 동안 끓입니다.
b) 식힌 후 바닐라와 보드카를 추가합니다.

피클, 보존 및 맛

81. 48 시간 피클

재료

- 물 1 ¼ 쿼트
- 식초 1½ 컵
- 소금 ⅓ 컵
- 설탕(½ 컵
- 4 등분한 오이 7-10 개
- 맛에 딜
- 마늘맛

지침

a) 물, 식초, 소금, 설탕을 함께 끓입니다. 시원한

b) 오이 위에 식힌 소금물을 붓습니다.

c) 마늘과 딜을 넣어 맛보세요.

d) 풍미를 더하기 위해 1 주일 동안 냉장 보관하세요

82. 빵과 버터 거킨스

재료:

- 얇게 썬 케이크 4 쿼트
- 얇게 썬 양파 1 쿼트
- 흰설탕 4 컵
- 식초/사과주 1 쿼트(파인트까지 줄임)
- 물 1 쿼트(파인트로 줄임)
- 소금 1 테이블스푼
- 심황 1 테이블스푼
- 겨자씨 2 테이블스푼

지침

a) 모두 섞고 천천히 끓입니다.

b) 10 분 동안 요리하세요.

c) 즉시 뜨겁게 소독된 병에 포장하고 밀봉하세요.

83. 빵과 버터 피클

재료

- 얇게 썬 케이크 4 쿼트 (얇은 것)
- 얇게 썬 양파 1 쿼트
- 흰 설탕 4 컵
- 1 쿼트 식초/사과주
- 물 1 쿼트
- 소금 1 테이블스푼
- 심황 1 테이블스푼
- 겨자씨 2 테이블스푼

지침

a) 모두 섞고 천천히 끓입니다.

b) 10 분 동안 요리하세요.

c) 즉시 뜨겁게 소독된 병에 포장하고 밀봉하세요.

84. 콜리플라워 피클

재료

- 큰 콜리플라워 2 개
- 중간 양파 12 개
- 소금 ¼ 컵
- 설탕 ¼ 컵
- 강황 가루 1 티스푼
- 통겨자씨 2 티스푼
- 셀러리 씨 1 티스푼
- 작은 마른 고추 1 개
- 통 정향 ½ 티스푼
- 백식초 1½ 컵
- 물 1½ 컵

지침

a) 콜리플라워와 얇게 썬 양파를 소금과 함께 섞어 밤새도록 놓아두세요.

b) 다음날 찬물로 헹구세요.

c) 주전자에 향신료, 식초, 물을 섞습니다.

d) 무명천 봉지에 묶인 정향을 추가합니다. 5 분간 끓인다.

e) 콜리플라워와 양파를 넣고 10 분간 끓인 후 정향과 붉은 고추를 제거합니다.

f) 뜨거운 항아리에 포장하십시오.

85. 쉬운 딜 피클

재료:

- 설탕 ¼ 컵
- 소금 ½ 컵
- 식초 1 쿼트
- 물 1 쿼트
- 혼합 피클링 향신료 3 테이블스푼
- 세로로 반으로 자른 오이 30-40 개
- 녹색 또는 건조 딜

지침:

a) 오이를 씻고 말리십시오.

b) 중간 크기의 냄비에 물, 식초, 소금, 설탕을 섞습니다.

c) 끓여서 설탕과 소금이 녹을 수 있도록 저어줍니다.

d) 불을 끄고 실온으로 식힙니다.

e) 항아리에 오이를 추가합니다. 소금물을 넣을 공간이 필요하므로 너무 꽉 조이지 마십시오.

f) 신선한 딜과 혼합된 피클링 향신료를 추가합니다.

g) 오이가 잠길 만큼 충분한 소금물을 추가하여 마무리합니다. 밀폐 뚜껑을 닫고 냉장고에 최소 일주일 동안 보관하세요.

86. 포도 보존

재료

- 포도 3 파운드
- 설탕 3 파운드
- 씨를 뿌린 건포도 1 파운드
- 오렌지 3 개
- 다진 호두 고기 ½ 파운드

지침

a) 포도 껍질을 과육에서 분리합니다. 과육을 약 10 분 동안 익힌 후 체에 걸러서 씨를 제거한 후 껍질과 결합합니다.

b) 푸드 다지기에 건포도와 오렌지를 넣습니다. 포도에 추가하십시오.

c) 설탕을 넣고 자주 저어주면서 약 45 분 동안 천천히 조리합니다.

d) 닫기 전에 호두를 먼저 추가하세요. 작은 병에 붓고 밀봉하세요.

87. 고드름 피클

제조사: 약6 파인트

재료

- 세로로 8 안치로 자른 4 안치 오이 3 파운드
- 4 등분한 작은 양파 6 개
- 5 안치 셀러리 6 개
- 겨자씨 1 테이블스푼
- 증류된 백식초 1 쿼트
- 소금 ¼ 컵
- 굵은 설탕 2½ 컵
- 물 1 컵

지침

a) 오이를 씻어서 썰어서 얼음물에 3 시간 정도 담가둡니다.

b) 물기를 빼고 깨끗한 파인트 병에 포장합니다.

c) 각 병에 양파, 셀러리 조각, 겨자씨 ½ 티스푼을 추가합니다.

d) 식초, 소금, 설탕, 물을 섞어 끓입니다.

e) 오이 위에 설탕 용액을 붓고 병의 상단에서 ½ 안치까지 채웁니다.

f) 즉시 커버를 조정하고 끓는 물 중탕에서 10 분간 처리합니다.

88. 페퍼 렐리시

재료

- 홍고추 12 개
- 청양고추 12 개
- 양파 큰 것 8 개

지침

a) 잘게 썰어 끓는 물을 붓고 15 분간 놔두세요.

b) 배수하고 탭 1 개를 추가합니다. 소금, 설탕 1 컵, 식초 2 컵

c) 15 분 정도 끓여 병에 담는다.

89. 절인 비트

재료

- 작은 사탕무 8 개
- 사이다 식초 1 컵
- 소금 1 티스푼
- 설탕 ¼ 컵
- 통후추 5 개
- 피클링 스파이스 1 티스푼
- 월계수 잎 1 개, 신선한 드릴

지침

a) 비트를 다소 단단하게 익히세요.

b) 액체 1 컵을 비축합니다.

c) 병의 상단에서 약 ¼ 인치 정도 채우세요.

d) 비트 액체를 나머지 액체 및 향신료와 결합하고 끓여서 병에 채우고 10 분 동안 처리합니다.

90. 대황 보존

재료

- 대황 3½ 파운드
- 설탕 3 파운드
- ½ 건포도
- 호두 1 컵
- 레몬 3 개(주스)
- 오렌지 3 개의 껍질

지침

a) 오렌지 껍질, 대황, 설탕을 2 시간 동안 끓입니다.

b) 나머지 재료를 넣고 1 시간 동안 끓입니다.

91. 대황 양념

재료

- 잘게 썬 대황 4 컵
- 잘게 썬 양파 2 컵
- 순한 식초 2 컵
- 흑설탕 3 컵
- 소금 1 티스푼
- 계피 1 티스푼
- 정향 ½ 작은술(갈은 것)
- 간 생강 ½ 티스푼
- 대시 카이엔 고추

지침

a) 큰 냄비에 모든 재료를 섞습니다. 종기에 가져다.

b) 불을 줄이고 혼합물이 걸쭉해질 때까지 가끔 저어주면서 약 2 시간 동안 끓입니다.

c) 모든 용기를 상단에서 ½ 인치 이내로 채웁니다. 용기의 상단 가장자리를 닦아냅니다. 뚜껑으로 덮으십시오

92. 달콩한 피클

재료

- 오이 30 개
- 식초 3 컵
- 물 1 컵
- 설탕 2 컵
- 혼합 향신료 1 티스푼

지침

a) 밤새 오이를 소금물에 담그십시오(물 1 쿼트당 소금 ⅓ 컵). 물을 빼다.

b) 식초, 물, 설탕을 10 분간 또는 투명해질 때까지 끓입니다.

c) 오이를 넣고 색이 없어질 때까지 약한 불에 두세요.

d) 섞어둔 양념 1 티스푼을 넣어주세요.

93. 천셩 피클

재료

- 얇게 썬 오이피클 1 쿼트 (얇게 썬 것)
- 작은 양파 8 개
- 중간 고추 6 개
- 소금 3 테이블스푼
- 굵은 설탕 4 컵
- 셀러리 씨 1 테이블스푼
- 겨자씨 1 테이블스푼
- 강황가루 1 테이블스푼
- 정향 6 알

지침

a) 오이피클, 후추, 소금을 섞어서 3 시간 동안 놓아두세요.

b) 체에 걸러 설탕, 셀러리 씨, 겨자씨, 심황, 정향을 첨가합니다.

c) 식초로 모두 덮고 5~10 분 동안 처리한 후 병에 담습니다.

94. 토마토 퓨레

재료:

- 절인 토마토 4 쿼트
- 통조림 소금 1 티스푼
- 설탕 1 테이블스푼

지침

a) 토마토를 4 등분하여 큰 냄비에 넣습니다.

b) 감자 으깨기 도구나 큰 숟가락으로 토마토를 으깨면서 끓이세요.

c) 토마토가 타거나 냄비 바닥에 달라붙는 것을 방지하기 위해 필요에 따라 저어주면서 토마토를 1 시간 동안 끓입니다.

d) 걸쭉하고 으깬 토마토를 식품 분쇄기나 체에 옮기고 껍질과 씨를 제거합니다.

e) 토마토를 냄비에 다시 넣으십시오.

f) 산세 소금과 설탕을 첨가하십시오.

g) 자주 저어주면서 중간 불로 토마토를 계속해서 2 시간 30 분 동안(또는 토마토 혼합물이 반으로 줄어들 때까지) 조리합니다.

h) 가열된 병에 뜨거운 토마토 페이스트를 분배하고 ½ 인치 공간을 남겨둡니다.

i) 각 병을 두 부분으로 된 뚜껑으로 밀봉하고 수조 통에서 45 분 동안 처리합니다.

95. 소금물

재료

- 식초 3 쿼트
- 물 3 쿼트
- 소금 1 컵

지침

a) 중간 크기의 냄비에 모든 재료를 함께 섞습니다.

b) 설탕이 녹을 때까지 저으면서 센 불로 끓입니다.

c) 열을 제거하십시오. 10 분 동안 식힌다.

소스, 필링, 속재료

96. 칠리소스

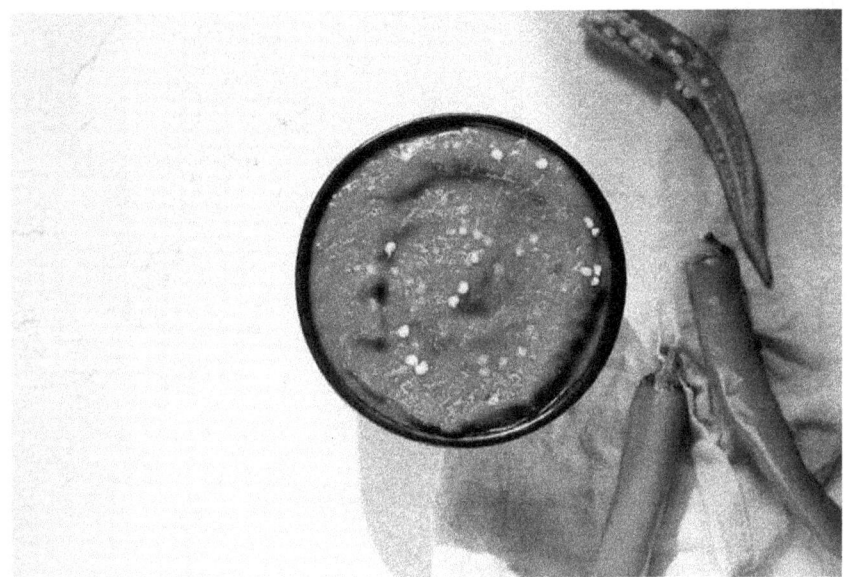

재료

- 큰 토마토 30 개
- 양파 12 개
- 셀러리 1 단
- 고추 8 개
- 식초 1 쿼트
- 소금 3 테이블스푼
- 혼합 향신료 4 테이블스푼

지침

a) 모든 야채를 잘게 자르고 1 시간 30 분 동안 요리합니다.

97. 프렌치 크림 필링

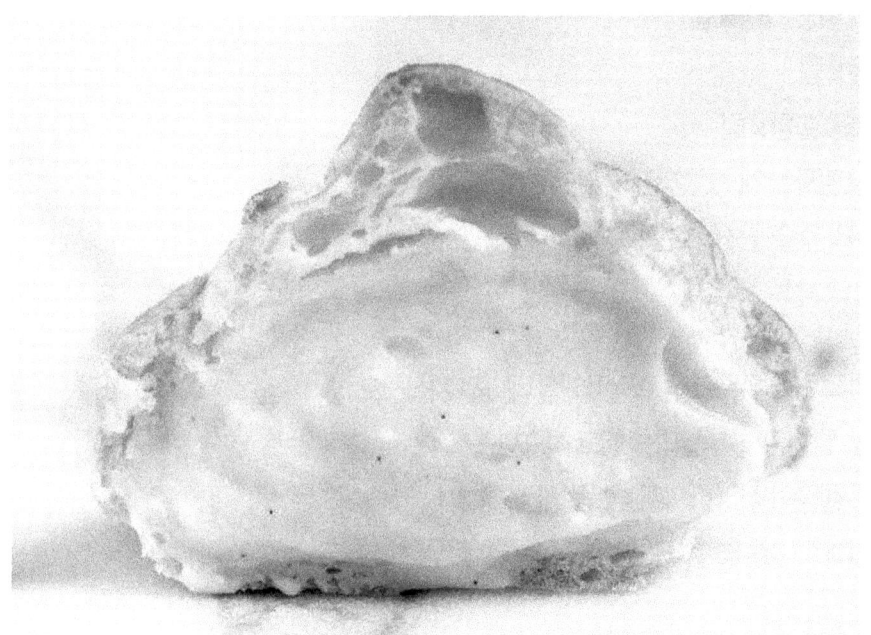

재료

- 헤비 휘핑 크림 ¼컵
- 우유 ¼컵
- 제과용 설탕 ¼컵
- 달걀흰자 1개, 빳빳하게 풀어서 준비
- 바닐라 추출물 ½티스푼

지침

a) 헤비 크림을 우유와 섞고 딱딱해질 때까지 치십시오

b) 설탕, 달걀흰자, 바닐라를 넣고 섞으세요

c) 모든 설탕이 섞일 때까지 부드럽게 섞습니다.

d) 파이에 파이를 넣습니다.

98. 프로스팅 휘핑크림

재료

- 밀가루 3 테이블스푼
- 우유 ¼ 컵
- 큰 그릇에 크림을 잘 담아주세요.
- 크리스코 6 테이블스푼
- 설탕 ¼ 컵

지참

a) 밀가루와 우유를 요리하고 식힙니다.

b) 큰 그릇에 크리스코 6 테이블스푼과 설탕 3/4 컵을 잘 크림화합니다.

c) 식힌 밀가루와 우유 혼합물을 추가합니다.

d) 푹신해질 때까지 치십시오.

99. 푹신한 버터 아이싱

재료

- 밀가루 5 테이블스푼
- 우유 1 컵
- ¼ 파운드 버터
- 크리스코 ½ 컵
- 바닐라 1 티스푼

지침

a) 밀가루와 우유 1 컵이 걸쭉해질 때까지 섞고 요리합니다.

b) 큰 그릇에 크림, 버터 ¼ 파운드, 크리스코 ½ 컵

c) 버터 혼합물에 밀가루 페이스트를 넣고 잘 치십시오.

d) 바닐라 1 티스푼을 추가합니다.

100. 소

재료

- 작은 양파 1 개
- 셀러리 1 개
- 올리브유
- 소시지 고기 ½ 파운드
- 다진 사과 ½ 컵
- 빵가루 2 컵
- 뜨거운 물 또는 부용 ½ 컵
- 소금과 후추

지침

a) 오븐을 350°로 예열하세요.

b) 양파, 셀러리, 소시지 고기를 올리브 오일에 볶습니다.

c) 갈색이 되기 시작할 때까지 약 10 분간 자주 저어줍니다.

d) 빵 부스러기와 함께 그릇에 추가하십시오. 소금과 후추로 저어주세요.

e) 뜨거운 물이나 부용을 붓고 가볍게 버무립니다. 식히세요.

f) 빵 혼합물에 사과를 첨가하십시오; 완전히 결합될 때까지 부드럽게 접습니다.

g) 준비된 접시에 옮기고 호일로 덮은 후 약 40 분간 굽습니다.

h) 드레싱을 덮지 않은 채 세트와 윗면이 갈색이 되고 바삭바삭해질 때까지 40~45 분 더 굽습니다.

결론

결론적으로, 남부 요리는 다양한 문화적, 역사적 요인의 영향을 받아 수세기에 걸쳐 진화해온 풍부하고 다양한 요리입니다. 신선한 현지 재료의 사용을 기념하고 가족, 지역 사회 및 환대의 중요성을 강조하는 요리입니다.

남부 요리는 지역의 역사를 반영하며, 요리 전통을 형성한 사람과 장소에 대한 이야기를 전하는 요리입니다. 프라이드 치킨부터 바비큐, 비스킷, 고구마 파이까지 남부 요리는 편안함과 감성이 담긴 맛, 그리고 사람들을 식탁에 함께 모을 수 있는 능력으로 인해 사랑받고 있습니다.

남부 요리는 계속해서 진화하고 변화하는 취향과 트렌드에 적응하면서 미국 전역과 전 세계 사람들이 소중히 여기는 미국 요리 문화의 중요한 부분으로 남아 있습니다.